Couverture inférieure manquante

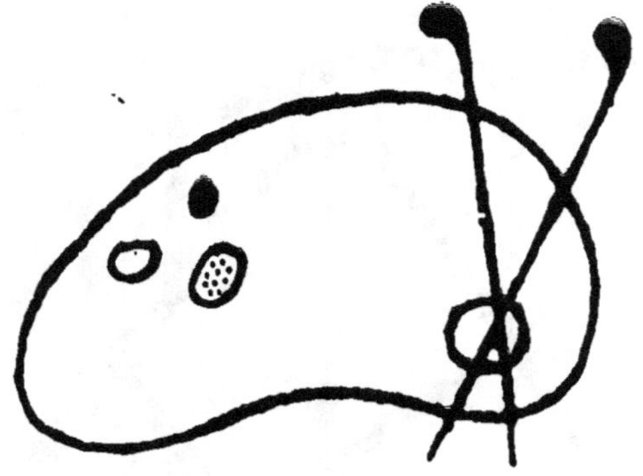

Début d'une série de documents
en couleur

BIBLIOTHÈQUE HAGIOGRAPHIQUE ORIENTALE

éditée par

LÉON CLUGNET

VIE

DE

JEAN BAR APHTONIA

TEXTE SYRIAQUE

publié et traduit par

F. NAU

PARIS

LIBRAIRIE A. PICARD ET FILS

82, rue Bonaparte, 82

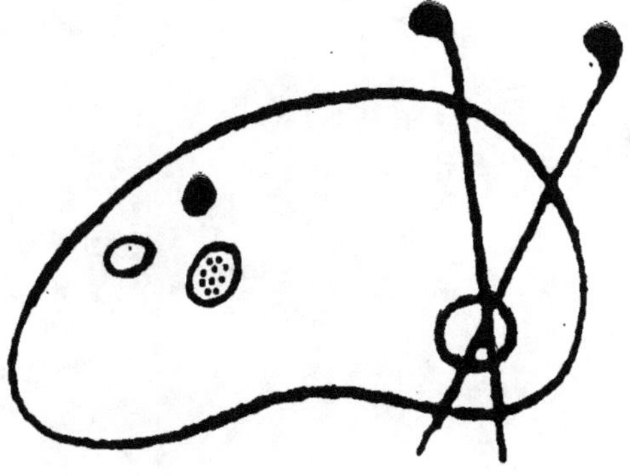

Fin d'une série de documents
en couleur

2

VIE

DE

JEAN BAR APHTONIA

BIBLIOTHÈQUE HAGIOGRAPHIQUE ORIENTALE

ÉDITÉE PAR

LÉON CLUGNET

VIE

DE

JEAN BAR APHTONIA

TEXTE SYRIAQUE

PUBLIÉ ET TRADUIT PAR

F. NAU

PARIS

LIBRAIRIE A. PICARD ET FILS

82, rue Bonaparte, 82

—

1902

HISTOIRE

DE

JEAN BAR APHTONIA [1]

INTRODUCTION

I. Vie de J. B. A. — Le père de Jean bar Aphtonia, qui était
rhéteur à Édesse, mourut relativement jeune et laissa cinq garçons, dont Jean, le dernier, n'était pas encore né. Leur mère,
Aphtonia [2], se dévoua à leur éducation : elle fit instruire les
premiers et leur procura des charges de l'empire, et elle fit élever sous ses yeux le dernier, qu'elle avait consacré à Dieu dès
avant sa naissance [3].

Quand notre héros eut quinze ans, elle s'informa d'un monastère modèle où elle pourrait le conduire. On lui vanta celui de
Saint-Thomas à Séleucie, près de l'embouchure de l'Oronte;
mais on n'y recevait pas de jeunes gens. Elle alla donc trouver
Palladios, patriarche d'Antioche de 490 à 498 [4], et lui de-
manda d'écrire au supérieur du monastère de Saint-Thomas
d'accepter son fils malgré sa jeunesse.

Le supérieur de ce monastère, nommé Théodore, était pres-
que centenaire, et, comme Isaac, avait perdu la vue. Il fit approcher Jean, et, sentant qu'il n'avait pas encore de barbe, refusa de le recevoir; il dit à Aphtonia de lui ramener son fils

---

(1) Cette histoire sous forme d'homélie (ܡܐܡܪܐ) est tirée du ms. de Londres
add. 12174, fol. 84ᵣ-87ᵛ. — Mᵍʳ Graffin, qui nous a facilité tant de fois nos études
syriaques, nous a prêté une photographie de cette partie du manuscrit.

(2) Il fut donc nommé bar Aphtonia, ou fils d'Aphtonia, du nom de sa mère.

(3) Il naquit de 475 à 483 d'après le synchronisme ci-dessous.

(4) C'est le seul synchronisme que nous fournisse cette histoire. Jean B. A.
avait donc quinze ans sous le patriarcat de Palladios, c'est-à-dire de 490 à 498.

Extrait de la Revue de l'Orient chrétien.

quand la barbe lui aurait poussé. Mais saint Thomas lui apparut en songe et lui révéla que cet enfant serait plus tard le sauveur du monastère; il fit donc appeler Aphtonia qui n'avait pas encore quitté l'église, et lui dit qu'il acceptait de garder son fils.

Jean n'entra pas toutefois au monastère, il fut adjoint aux frères chargés de recevoir et de servir les étrangers. Ce service était très pénible, car tous les voyageurs qui entraient dans le port de Séleucie ou qui en partaient, allaient au monastère et y étaient hébergés (1). Au bout de sept ans (entre 497 et 505) — il avait alors vingt-deux ans — on lui donna l'habit monacal, mais on l'astreignit encore au rude métier de charpentier, avant de l'appliquer aux études et à l'éloquence. Plus tard, sa mère mourut, ses frères partagèrent l'héritage et lui firent tenir tous les ans soixante dariques d'or (quinze cents francs) qu'il employait en bonnes œuvres. Il s'attira ainsi la jalousie des frères relâchés qui l'accusèrent, le calomnièrent et le frappèrent; il s'appliqua à les apaiser par sa patience et son humilité. Il put enfin faire quelques études, car il est appelé « rhéteur » et « ex-avocat » dans l'histoire de Zacharie (2).

Après la mort de l'empereur Anastase (518), l'évêque de Séleucie, Nonnus, adversaire du concile de Chalcédoine, fut chassé et se retira dans sa famille à Amid (3); les moines monophysites du monastère de Saint-Thomas ne furent pas épargnés davantage, leur supérieur les expulsa également. Ils recoururent à Jean, qui avait alors de trente-cinq à quarante-trois ans, et, d'une voix unanime, le nommèrent leur supérieur. Ils eurent

(1) D'après Cedrenus et Théophane (A. M. 5838), le port de Séleucie avait été creusé la dixième année de Constance II (347) et il avait fallu pour cela enlever une partie d'une montagne. Comme la présente histoire nous apprend que le monastère de Saint-Thomas était près du port, nous croirions volontiers qu'il était situé sur la montagne qui dominait le port et était un but d'excursion et de pèlerinage pour tous les voyageurs.

(2) ܡܠܝܠ et ܐܦܘܣܘܣ. Ces deux mots sont employés dans deux passages parallèles d'une même page. Le second a donc chance d'être synonyme du premier. — Ces textes sont cités plus bas.

(3) Il avait été élevé dans cette ville, au temps de l'évêque Jean, du monastère de Qarthemin. Celui-ci désirait avoir Nonnus pour successeur. En réalité ce fut Thomas qui lui succéda après la prise d'Amid par les Perses. Ce Thomas bâtit Dara, et, après sa mort, les habitants accomplirent le vœu de Jean et prirent Nonnus pour évêque (cf. Land, *Anecdota Syr.*, III, 247).

sans doute bien des épreuves et des persécutions à subir, mais restèrent, semble-t-il, en possession du monastère, car, au mois d'avril 839 (528 de J.-C.), d'après le colophon d'un manuscrit (1), Jean était encore archimandrite du monastère de Saint-Thomas de Séleucie. Nous savons d'ailleurs qu'il fut expulsé avant l'année 531 (2). Il alla donc fonder à Qennesré, sur la rive de l'Euphrate, en face d'Europus (Jérabis), un nouveau monastère dont il fut le premier supérieur. Nous le retrouvons à Constantinople vers 531, où il rédige les conférences des évêques monophysites avec l'empereur et les évêques orthodoxes (Land, *Anecd. Syr.*, III, p. 278). Les privations qu'il avait endurées au temps où il était proscrit et les nombreux voyages qu'il avait dû faire jusqu'à Constantinople, avaient altéré sa santé, il ne passait aucune journée sans souffrir.

Enfin il reçut une lettre du patriarche Sévère qui lui prédisait sa mort, et il mourut, comme nous l'avons déjà vu dans la Vie de Sévère, quinze jours plus tard, le 4 novembre 849 (537), âgé de cinquante-quatre à soixante-deux ans, après avoir désigné le vieillard Alexandre pour son successeur et lui avoir recommandé de ne rien supprimer des préceptes et des lois qui devaient régir le nouveau monastère de Qennesré. Sa présente

(1) Cité par Assémani, *B. O.*, II, p. 46 :

[texte syriaque]

« Ce livre a été terminé au mois d'avril de l'an (des Grecs) 839 (528) à Édesse, ville de Mésopotamie, au temps de Mar Jean bar Aphtonia, archimandrite du monastère de Séleucie (appelé de) S. Thomas. »

(2) Cf. Land, *Anecd. Syr.*, III, p. 245.

[texte syriaque]

« Les moines fidèles de l'Orient furent chassés de la troisième à la neuvième année (de cette indiction, 525-531), une semaine d'années, et s'éloignèrent de leurs demeures, dans le district d'Antioche, l'Euphratésie, l'Osroëne et la Mésopotamie. Le couvent de Thomas de Séleucie avec la communauté fut transporté et établi à Qennesré sur l'Euphrate, par Jean le rhéteur, fils d'Aphtonia, le supérieur ». — On trouve au même endroit un texte analogue : « Le couvent de Saint-Thomas fut installé à Qennesré sur l'Euphrate par Jean, homme illustre, supérieur d'alors, ex-avocat (ou rhéteur), (qui était) d'Édesse, fils d'Aphtonia ».

histoire fut écrite en syriaque (1), par l'un de ses disciples (2), et fut utilisée plus tard par Jean Psaltés dans l'hymne qu'il composa sur J. B. A. et que nous publions à la fin.

II. Ses écrits. — Il composa, dit. M. Wright (3), un *commentaire sur le Cantique des cantiques* dont quelques fragments sont conservés dans une *Catena Patrum* au Brit. Mus. (*add.* ms. 12168), et un certain nombre d'hymnes — soixante et onze au plus d'après un catalogue (4). — Ces hymnes ne renferment d'ailleurs ni faits précis ni dates. Elles furent écrites en grec, ajoutées à l'*octoëchus* de Sévère d'Antioche, puis traduites en syriaque vers 621 par l'abbé Paul (5), réfugié alors dans l'Ile de Chypre. Jacques d'Édesse revisa cette traduction sur le texte grec en 675. Nous traduirons à la fin de ce travail six de ces hymnes d'après la revision de Jacques d'Édesse. — M. Wright attribue encore à J. B. A. la composition de la Vie de Sévère que nous avons résumée jadis (*ROC.*, 1900, p. 293-302; cf. dans le tirage à part, *Vie de Sévère*, p. 89-98). Cet écrit, dit-il, dut être son dernier ouvrage, car il ne survécut guère que neuf mois à Sévère (6). Or nous avons trouvé dans cette

(1) Car on y trouve deux noms propres ܝܘܣܦ et ܫܡܥܘܢ caractéristiques de la version Peschito. Cependant l'auteur utilisait non pas la Peschito elle-même, mais l'une de ses revisions.

(2) Ce disciple était en même temps son contemporain. Il fut du nombre des moines expulsés vers 518.

(3) *Syr. Lit.*, Londres, 1894, p. 84.

(4) D'après le *Catalogus codicum syriacorum* de la bibliothèque Bodléienne (Oxford, 1864), les hymnes de Sévère et de J. B. A. sont au nombre de 351 (cf. col. 510); d'ailleurs celles de Sévère sont au nombre de 280 (col. 512). Il en resterait donc 71 pour J. B. A. Ce nombre est un maximum, car il comprend sans doute encore des hymnes de Jean Psaltés dont ce ms. ne parlait pas au commencement (col. 510), mais qu'il mentionne à la fin (col. 512), comme le font tous les manuscrits similaires; ces nombres varient aussi avec les mss.

(5) Assémani supposait que le traducteur était Paul de Callinice, célèbre de 500 à 530 (*B. O.*, II, p. 47). Toute une famille de manuscrits nomme au contraire Paul, évêque d'Édesse. Or celui-ci, ordonné en 510, exilé en 522, rétabli en 526, mourut enfin en 527 et ne put donc traduire aucune hymne de Jean Psaltés qui écrivait encore après 591; d'ailleurs le traducteur des hymnes fit sa traduction à Chypre, où il s'était réfugié lors d'une invasion des Perses (cf. *Cat. cod. syr.*, col. 512), ce qui ne peut s'appliquer à Paul d'Édesse. On est donc amené à attribuer la traduction des hymnes de Sévère, de J. B. A. et de Jean Psaltés (Octoëchus), à Paul l'abbé, qui était à Chypre en 624 et qui était un traducteur de profession, car on sait par ailleurs qu'il traduisit saint Grégoire de Nazianze.

(6) *Syr. Lit.*, p. 85.

Vie que J. B. A. était mort avant Sévère et nous avons cru voir qu'elle avait été complétée par un auteur postérieur (*loc. cit.*, p. 97, note 3). Pour trancher cette question, nous nous proposons de discuter ici 1° la date de la mort de J. B. A. et de Sévère d'Antioche et 2° la date de la composition de la Vie de Sévère attribuée à J. B. A. (1); enfin nous conclurons 3° que si J. B. A. a pu écrire le commencement de cette Vie, il nous semble cependant plus probable pour l'instant qu'elle a été écrite tout entière par un autre supérieur du monastère de Qennesré (2), par exemple par Jean Psaltés (3), bien que cette dernière attribution souffre aussi des difficultés (4).

1° *Date de la mort de J. B. A. et de Sévère.*

Nous ne connaissons la date de la mort de J. B. A. que par un texte de Jean d'Asie (pseudo-Denys de Tellmahré) cité par Assémani, *B. O.*, t. II, p. 51.

(1) Nous avons trouvé cette seconde Vie par hasard dans le ms. de Berlin *Sachau* 321, que nous avions demandé pour collationner la première Vie de Sévère écrite par Zacharie le scolastique dont nous donnions alors la traduction. Nous nous sommes borné à résumer cette seconde Vie qui nous était indispensable pour compléter la biographie de Sévère. Nous n'avons pas cédé au désir que nous avions de la publier, parce que nous savions que M. Kugener avait ce même dessein et que nous le savions tout préparé par ses connaissances grecques et syriaques pour faire cette publication. Nous regrettons qu'il ait été empêché jusqu'à ce jour d'accomplir son projet, d'autant que de jeunes auteurs pourraient ne pas imiter notre réserve.

(2) Nous nous rangeons donc, avec une simple restriction, à l'opinion énoncée par M. Kugener, *ROC.*, 1900, p. 477.

(3) Jean Psaltés nous est connu par le colophon des mss. de l'Octoëchus qui portent :

ܐܟܣܝܣܘܦ ܡܢ ܐܘܚܢܐ ܟܠܗܘܢ ܟܕܥܢܐ ܒܡܙܡܪܐ ܗܢܐ ܟܬܒܟܐ ܗܢܐ ܕܐܝܬ ܗܘ ܡܢܝܢ ܡܢܗ ܡܩܕܫܐ ܡܪܝ ܣܘܝܪܐ ܩܕܝܫܐ ܡܠܦܢܐ ܡܬܩܕܫ.

ܗܠܝܢ ܕܝܢ ܕܩܕܡܐ ܐܟܣܝܣܘܦ ܒܡܩܛܢܝ ܕܐܚܪܢܐ ܟܕ ܐܗܘܢܢܐ ܐܣܝܪܐ ܘܦܠܓܐ ܩܪܝܩܛܝ ܐܣܪܢܐ ܐܣܝܪܐ ܕܟܠܗ ܘܕܡܘܡܐ

ܕܪܐܣܪܢܐ ܒܟ ܢܪܣܚܝ ܩܡܕܘܣܩܘܣܟ ܐܣܪ ܠܐܙܠ ܒܡܢܝܢ ܡܠܝ ܩܡܢܝܢ ܬܚܡܩܕ ܐܘܗܢܐ

• Tous les hymnes de saint Mar Sévère qui figurent dans ce volume sont au nombre de 295. Les autres sont de Jean bar Aphtonia, supérieur de Qennesré, *d'un autre Jean supérieur du même monastère* et d'autres dont les noms ne sont pas connus. (Ce volume) renferme la recension de Mar Paul (l'abbé) et de Mar Jacques d'Édesse. • Assémani, *B. O.*, t. II, p. 47. — D'ailleurs dans l'en-tête de certaines hymnes de l'Octoëchus qui lui appartiennent, Jean est appelé *Psaltés* (ܦܣܠܛܣ) (cf. Wright, *Catal. des mss. syr. du Brit. Mus.*, p. 332-333); il est encore appelé *calligraphe* (ܩܠܝܓܪܦܘܣ) dans le ms. add. 18816.

(4) L'auteur de la Vie de Sévère était supérieur de Qennesré avant 544, tandis que Jean Psaltés écrivit encore une hymne sur Julien, patriarche d'Antioche de 591 à 595. Il est difficile de croire qu'il fut supérieur durant un temps si long.

ܒܗ ܒܫܢܬܐ ܕܬܡܢܡܐܐ ܘܐܪܒܥܝܢ ܘܬܫܥ ܢܦܩ ܡܢ ܥܠܡܐ ܗܢܐ ܩܕܝܫܐ ܡܪܝ ܣܘܝܪܝܘܣ ܦܛܪܝܪܟܐ ܕܐܢܛܝܘܟܝܐ
ܒܬܡܢܝܐ ܒܫܒܛ. ܘܒܫܬܐ ܒܗ ܒܝܪܚܐ ܗܘ ܩܕܝܫܐ ܡܪܝ ܝܘܚܢܢ ܒܪ ܩܘܪܣܘܣ. ܘܒܐܪܒܥܐ ܒܬܫܪܝܢ ܐܚܪܝܢ
ܗܘ ܩܕܝܫܐ ܡܪܝ ܝܘܚܢܢ ܒܪ ܐܦܬܘܢܝܐ.

L'an 849 (538), saint Mar *Sévère*, patriarche d'Antioche, quitta ce monde, le huit de Schebat (février); saint Mar *Jean bar Cursus* (1) mourut le six du même mois, et Mar *Jean bar Aphtonia* mourut le quatre du second Teschri (novembre).

On interpréta jusqu'ici ce texte d'après notre division actuelle de l'année qui commence en janvier pour se terminer en décembre, aussi M. Wright put écrire (*loc. cit.*) que J. B. A. survécut neuf mois à Sévère. Mais si l'on se rappelle que l'année des Grecs va du 1er octobre ou 30 septembre et si l'on remarque que Jean d'Asie semble bien suivre une marche régressive puisqu'il mentionne la mort de J. bar Cursus le 6 février, après la mort de Sévère arrivée le 8 février, on en conclura sans hésitation que Jean d'Asie place la mort de Jean bar Aphtonia le 4 novembre de l'an 849 des Grecs, c'est-à-dire *le 4 novembre 537 de notre ère*. Jean bar Cursus est mort ensuite (2) le 6 février 538 et Sévère le 8 février 538.

Nous nous en tenons à ces dates, car la Vie de Sévère, écrite par Jean supérieur du monastère d'Aphtonia (*ROC.*, 1900, p. 300, et p. 96 du tirage à part), et l'histoire que nous publions aujourd'hui, nous apprennent toutes deux que Sévère prédit dans l'une de ses lettres la mort de J. B. A. et la sienne. Or J. B. A. mourut quinze jours après la lecture de la lettre et nous croyons que Sévère ne tarda pas à le suivre, c'est-à-dire mourut quatre mois après; car s'il n'était mort que six ans plus tard, comme on le suppose quand on place sa mort en 543, sa prédiction, à l'âge où il était arrivé, ne serait plus qu'une phrase sans portée aucune et n'aurait pas été relevée. D'ailleurs Jean d'Asie,

(1) Jean évêque de Tella. — Assémani écrit ܩܘܪܣܘܣ, mais c'est une pure conjecture, car, dans sa transcription du ms. de Rome, M. Martin indique que la première lettre est illisible. La lecture ܩܘܪܣܘܣ est imposée par le passage parallèle du *Liber chalipharum* (Land, *Anecd. Syr.*, I, p. 113) qui avance toutes les dates d'une année et place à tort la mort de Jean bar Cursus le 9 février 848 (537).

(2) Le *Liber chalipharum*, qui donne en général des dates plus exactes que le pseudo-Denys (Jean d'Asie), fait mourir Sévère le 8 février 537, ce qui placerait la mort de J. B. A. en 536. Nous nous en tenons cependant pour l'instant à la date 538, à cause du texte de Jean d'Asie cité dans la note suivante.

si nous possédons réellement son texte primitif sans altération, pouvait connaître la date de la mort de Sévère (1).

Bar Hebræus donne, il est vrai, une date différente; mais il faut noter d'abord que cette date n'est pas définitivement établie, car le ms. de Rome utilisé par Assémani donne le 28 février 850 (539) (2) et le ms. utilisé par Mgr Lamy porte le 8 février 851 (543) (3). Nous avions jusqu'ici accepté cette dernière date sans discussion aucune et avions donc été porté à attribuer la composition de la seconde Vie de Sévère à J. B. A., car elle a été composée avant 544, et à supposer qu'elle avait été complétée après 544.

Nous croirions volontiers que Bar Hebræus a placé la mort de Sévère en 543 parce qu'il supposait qu'il avait été remplacé *immédiatement* par le patriarche Sergius de Tella (4). Or Jean d'Asie nous apprend que Sergius ne fut nommé « qu'un temps d'années » après la mort de Sévère, comme nous l'avons dit (cf. note 1, ci-dessous). C'est l'occasion de rappeler que d'après Sévère d'Aschmounaïn (xe siècle), le successeur immédiat de Sé-

---

(1) Dans un autre endroit (Land, *Anecd. Syr.*, II, 218-219) Jean d'Asie ne contredit pas le présent passage. Il nous apprend qu'après avoir passé deux ans à Constantinople (exactement depuis l'hiver 534-535 jusqu'en mars 536, cf. *ROC.*, 1900, p. 290, et p. 95 du tirage à part), Sévère se retira dans le désert au sud d'Alexandrie et continue : ܡܢ ܒܬܪ ܟܢ ܐܚܕܐ ܟܘܪܗܢܐ ܒܐܬܪܐ ܕܒܐܠܟܣܢܕܪܝܐ, « et après un temps d'années passées dans la persécution, il tomba dans une maladie... » Nous satisfaisons suffisamment à la locution vague : « un temps d'années » en supposant un duel et en traduisant : « après deux ans passés dans la persécution, il tomba malade ». Il tomba donc malade en 538 et mourut le 8 février de cette année. — A la page 219, Jean d'Asie nous apprend encore que Sévère n'eut pas aussitôt un successeur; ce ne fut qu'après « un temps d'années », qu'on nomma Sergius de Tella. Cette même locution peut désigner ici un intervalle de cinq à six ans. — Enfin nous verrons plus bas que d'après le même Jean d'Asie, Sévère était mort avant que Jacques Baradée ne montât à Constantinople, c'est-à-dire avant 541/2.

(2) *B. O.*, II, p. 321.

(3) *Chron. eccl.*, I, col. 211. La chronique de Michel fournira peut-être une troisième date. Le manuscrit d'Édesse qui est édité par M. Chabot n'est d'ailleurs pas, lui non plus, exempt d'altérations. — Notons, pour concilier les deux manuscrits de Bar Hebræus, que ܚ (le huit) a pu donner facilement ܟܚ (vingt-huit), et que le ܐ final qui donnait 854 a pu disparaître, si le point placé en dessous a été omis ou déplacé. Inversement un point déplacé a pu faire croire à un ܐ final.

(4) Jacques bar Salibi et les diptyques des Jacobites font la même supposition. Cf. Assémani, *B. O.*, II. p. 323.

vère d'Antioche fut un certain Théophane ou Théophile (1). Assémani, qui rapporte cette opinion, déclare préférer en cette matière la tradition des Syriens à celle des Égyptiens. Il faut cependant se rappeler que Sévère mourut en Égypte (2); c'est donc en Égypte qu'on dut songer en premier lieu à lui donner un successeur, lequel put vivre et mourir, comme Sévère, dans les environs d'Alexandrie.

2° Date de la composition de la Vie de Sévère attribuée à J. B. A.

L'auteur nous apprend qu'il écrit cette Vie à la demande de Domitius (ܕܡܝܛܝܣ), du monastère d'Aphtonia, qui *plus tard* devint évêque (*ROC.*, 1900, p. 293 et 301; pages 89 et 97 du tirage à part). Or nous allons montrer que Domitius fut vraisemblablement ordonné évêque en 541. La Vie en question aurait donc été écrite avant 544.

Jean d'Asie nous apprend en effet (3) que la seizième année du règne de Justin, c'est-à-dire en 541/2 (4), Khéret bar Gabala, roi des Arabes, demande à Théodora d'envoyer des évêques monophysites en Syrie. Elle fait nommer évêque d'Édesse le moine

<hr>

(1) Cf. Assémani, *B. O.*, II, p. 323, qui cite Renaudot, *Historia patriarcharum Alexandrinorum*, Paris, 1713, p. 114 et 115.

(2) D'après les auteurs syriens, il tomba malade au désert: on voulut le conduire à Alexandrie et il mourut en chemin, à ܟܣܘܛܐ (Ksota) d'après Bar Hebraeus, à ܟܣܘܐ (Ksoa) d'après Jean d'Asie, et à ܣܟܘ (Skoa ou Sakha) d'après les Égyptiens. Ce sont diverses formes d'un même nom. — La ville de ܣܟܘ, d'après M. Bargès, est appelée Ξόις par Strabon et Ptolémée et ⲫⲃⲟⲟⲩ (Skhoou) par les Coptes. Elle se trouve dans la Basse-Égypte sur la branche Sébennitique du Nil dans la province de Garbiyeh. Cf. *Homélie sur saint Marc, apôtre et Évangéliste* par Anba Sévère, publiée par l'abbé Bargès, Paris, 1877, p. 4, l. 9 du texte arabe, et p. 113 à 114. — Le texte de Jean d'Asie a donc conservé la véritable forme avec une altération de prononciation, qui se trouve déjà dans le grec Ξόις, comme nous croyons qu'il a conservé la véritable date de la mort de Sévère. Bar Hebraeus donne un nom et une date accommodés à la grammaire et à la date de l'avènement du patriarche suivant. — On trouve dans Renaudot (*loc. cit.*, p. 138) que Sévère se cachait dans le village de Saca, chez un homme pieux nommé Dorothée. — Il serait donc mort dans l'endroit où il demeurait, ce qui nous semble vraisemblable, et non dans une ville qu'il traversait pendant qu'on le conduisait à Alexandrie, comme l'écrivent les auteurs syriens.

(3) Land, *Anecd. Syr.*, II, p. 254-256. Cf. p. 366-370.

(4) Justin fut couronné en effet le 1er avril 527 et régna seul à partir du mois d'août. Cette année comparée aux années grecques (838) dont se servait Jean d'Asie se note 526/7. La seizième année *courante* du règne de Justin tombe donc quinze ans plus tard (853), c'est-à-dire en 541/2.

Jacques Baradée qui était alors à Constantinople (1). Celui-ci
parcourt ensuite tout l'Orient (2) pour y ordonner des prêtres,
puis il revient à Constantinople avec deux moines qu'il veut
faire nommer évêques afin qu'à eux trois, ils puissent consacrer
d'autres évêques (3). Théodore, patriarche d'Alexandrie, exilé à
Constantinople, lui donne des lettres de recommandation pour
les évêques égyptiens (4); il part donc pour Alexandrie où il fait
consacrer évêques ses deux moines, puis il les ramène en Syrie
où leur premier acte est de consacrer évêque de Laodicée le
moine Domitius du monastère d'Aphtonia. Mentionnons encore
parmi leurs autres consécrations celle de Jean du monastère de
Mar Bas (Bassus?), comme évêque de Qennesré (5), et celle de
Sergius, du monastère d'Aphtonia, comme évêque de Harran
(Carrhes) (6). Enfin, ils revinrent à Constantinople et donnèrent
un successeur à Sévère d'Antioche dans la personne de Sergius
de Tella. — Il nous semble donc, vu le zèle de Jacques Baradée
et surtout vu l'urgence qu'il y avait à donner promptement des
prêtres, des évêques et un patriarche à l'Église monophysite, que nous pouvons placer la consécration de Domitius en
544 (7), en accordant ainsi deux ans à Jacques Baradée pour

(1) Jean d'Asie nous apprend encore (Land, *Anecd. Syr.*, II, p. 369, l. 6-7) que
Sévère était mort au moment où Jacques Baradée monta à Constantinople,
c'est-à-dire avant 541/2.

(2) Peut-être ne faut-il pas prendre à la lettre l'itinéraire que lui attribue
Jean d'Asie (*loc. cit.*, p. 255, l. 1-6, et p. 309, l. 19-23), mais il est intéressant de
le comparer à l'itinéraire suivi par Jean d'Asie lui-même durant la peste de
544. Il part de la Palestine, traverse la Mésopotamie, la Cilicie, la Mysie, la Syrie,
la Lycaonie (ܐܝܩܘܢܝܘܢ = Iconium?), la Bithynie, l'Asie, la Galatie, la Cappadoce
pour arriver aussi à Constantinople (*loc. cit.*, p. 310).

(3) D'après un canon respecté des apôtres, un évêque ne pouvait être consacré que par trois ou quatre évêques.

(4) Il lui fallait au moins trois évêques pour consacrer ses deux moines.

(5) Il s'agit sans doute ici de Qennesrin (Chalcis) à une journée de marche
au sud d'Alep. Ce n'est cependant pas sûr, car le monastère de J. B. A. semble
avoir eu un évêque à sa tête à partir d'une certaine époque. En effet une profession de foi de 798 est signée par Georges, évêque de Qennesrin, et par Cons-
tantin, évêque du district de Qennesrin (cf. Wright, *Catalogue des mss. syr.*,
p. 419). Nous croirions volontiers que le premier était évêque du monastère de
Qennesré et le second évêque du district de Qennesrin (Chalcis).

(6) Il peut être question ici de Sergius bar Caria, traducteur de la seconde Vie
de Sévère.

(7) Nous savons aussi que Sergius fut patriarche durant trois ans et que trois
ans plus tard il eut pour successeur Paul, archevêque d'Alexandrie, or Paul
fut nommé patriarche d'Antioche entre 548 et 550 (cf. Kleyn, *Het Leven van*

faire ses divers voyages. Nous pouvons donc placer la composition de la seconde Vie de Sévère par Jean du monastère d'Aphtonia avant 514.

3° *Détermination de l'auteur de la seconde Vie de Sévère.*

Cet auteur se nommait Jean, était supérieur du saint monastère de Beth Aphtonia (ou d'Aphtonia) (1), avait passé à Maiouma après la mort de Théodore) qui vivait encore l'an 511) et y avait vu divers successeurs de Pierre l'Ibérien (2) (*ROC.*, 1900, p. 294, et p. 89 du tirage à part); d'ailleurs il connaissait Sévère et il savait écrire en grec. Tous ces caractères conviennent à Jean bar Aphtonia. Il est appelé en tête de la présente histoire que nous publions : « Jean, supérieur du saint monastère d'Aphtonia »; après 518, il fit de nombreux voyages : « qui pourra relater ses voyages et ses actes... le nombre de fois qu'il dut fuir pour la religion et pour ses dogmes? » dit son biographe. Il est donc vraisemblable qu'il dut visiter les héritiers de Pierre l'Ibère.

D'ailleurs il avait paru devant l'empereur, comme Sévère, et s'y trouvait en particulier vers l'an 531, quelques années avant l'arrivée de celui-ci (3). Il dut donc le rencontrer durant ses

---

Johannes van Tella, Leiden, 1882, p. 62, note 2). Il s'ensuit que Sergius fut patriarche *au plus tard* en 544 et nous avons vu que Domitius avait été consacré évêque auparavant.

(1) ܡ‍ܕܒܪ‍ܐ ... . Ce titre a d'ailleurs été ajouté postérieurement, puisqu'il y est dit que depuis la composition de cette vie, Domitius est devenu évêque.

(2) ܡ‍ܕܒܪ‍ܐ ...

• J'ai pu entretenir Jean, surnommé le Canopite ; mais Théodore était mort un peu avant mon arrivée, Jean d'Antioche (l'auteur des Plérophories) était parti dans une voie très étroite (était anachorète ou reclus ?). Les premiers de ce monastère étaient Élisée, Étienne et Philippe ; c'étaient des rhéteurs, instruits en toute science, et qui avaient fait leurs études de droit • (ms. Sachau 321, fol. 139). — Or Théodore était à Constantinople avec Sévère, et assistait encore au concile de Sidon en 511 (*ROC.*, 1900, p. 93-94 et 96 ; p. 83-84 et 85 du tirage à part). Sa mort n'arriva donc que plus tard.

(3) Cf. Land, *Anecd. syr.*, III, p. 278 : • Quand ces lettres pour la défense de la foi eurent été présentées et lues, et que les évêques fidèles, réunis à Constantinople par l'ordre du roi comme nous l'avons dit plus haut, eurent beaucoup parlé durant le long intervalle d'une année, — Jean le rhéteur (ܡ‍ܠ‍ܦ‍ܐ), supérieur

voyages, de plus il écrivait en grec puisqu'il composa dans cette langue des hymnes *dont plusieurs*, que nous publions ci-après, *sont consacrées à Sévère*. Il pouvait donc écrire la Vie de Sévère. Nous nous étonnons cependant de ne pas trouver dans cette Vie plus de détails qui lui soient personnels; nous ne voyons pas non plus comment faire la coupure pour séparer la partie écrite par J. B. A. du complément qui aurait été ajouté plus tard; enfin et surtout, si Sévère est mort en 538, un successeur de J. B. A., par exemple Jean Psaltés ou le Calligraphe (?) (1), a pu écrire sa Vie quelques années plus tard. Voici donc le résumé de cette longue discussion :

Jean bar Aphtonia paraît à Constantinople avec les évêques devant l'empereur après 531, à une époque indéterminée il retourne à son monastère où il ne passe plus un seul jour sans souffrir; — Sévère vient à Constantinople de l'hiver 534/5 à mars 536 et retourne au désert au sud d'Alexandrie. — J. B. A. meurt le 4 novembre 537. Le vieillard Alexandre lui succède dans la direction du monastère de Qennesré (2); — Sévère meurt à Skhoou (ou Ξᾶς) le 8 février 538. Il avait prédit sa mort au mois d'octobre de l'année précédente. — Alexandre, supérieur de Qennesré, meurt vers 541 (?) et a pour successeur un certain Jean; — celui-ci écrit en grec la Vie de Sévère avant 544 à la demande du moine Domitius. Il utilise la Vie écrite par Zacharie le scolastique, quelques souvenirs personnels et quelques ouï-dire. — Domitius est consacré évêque de Laodicée en 544. Le texte grec de la Vie de Sévère est traduit peu après en syriaque par

de monastère, fils d'Aphtonia, les accompagnait et consignait par écrit (toutes ces paroles), — l'empereur ne rejeta pas le concile de Chalcédoine de l'Église, mais manda par lettres saint Sévère le patriarche, qui se cachait en divers lieux. — Sévère refusa d'abord de venir à Constantinople, mais il accepta bientôt et y vint en 534/5.

(1) Voir plus haut. — Jean Psaltès fut supérieur de Qennesré et écrivit en grec, mais comme il écrivit encore sur Julien, patriarche de 591 à 595, nous avons déjà dit qu'il était peu probable qu'il ait été supérieur avant 544. Il est encore moins probable qu'il ait pu voir Théodore le successeur de Pierre l'Ibère. De plus le successeur immédiat de J. B. A. se nommait Alexandre. — On en est donc toujours réduit à faire une hypothèse. On doit supposer ou bien que la Vie de Sévère écrite par J. B. A. fut complétée plus tard, ou bien qu'Alexandre mourut bientôt et qu'il eut pour successeur un certain Jean, inconnu d'ailleurs, qui possédait le grec et avait parcouru la Palestine. Ce Jean hypothétique serait l'auteur de la seconde Vie de Sévère.

(2) Voir la fin de l'histoire de J. B. A.

Sergius bar Caria qui était peut-être déjà évêque de Harran
(Carrhes) (1). — Enfin cette traduction syriaque est utilisée par
Jean d'Asie dans son Histoire ecclésiastique (2).

III. Fondation du monastère de Qennesré. — L'œuvre ca-
pitale de J. B. A. est la fondation et l'organisation du monastère de Qennesré dans le désert, sur le bord de l'Euphrate,
en face d'Europus (Jérabis) (3).

Son emplacement précis est déterminé par le passage suivant
de Yaqout (II, 688), dont M. Rubens Duval a bien voulu nous
adresser le texte et la traduction;

دير قِنّسْرَى على شاطى الفرات من الجانب الشرقى فى نواحى
الجزيرة وديار مُضَر مقابل جرباس وجرباس شاميّة وبين هذا الدير ومنبج
اربعة فراسخ وبينه وبين سَرُوج سبعة فراسخ فهو دير كبير كان فيه ايّام
عمارته ثلثمائة وسبعون راهبا ووُجد فى هَيكله مكتوبًا
ايا دير قِنّسرى كفى بك نُزهةً لمن كان بالدُّنْيا يَلَذّ ويطْرَب
فلا زِلْتَ معمورًا ولا زِلتَ آهلاً ولا زِلتَ مخضرًّا تزار ونُعْجَب

« Le couvent de Qennesré sur le bord de l'Euphrate du côté
oriental, dans la province de Djéziré (la Mésopotamie) et de
Diâr-Modhar, en face de Djerbâs (Djerabis-Europus), mais Djerbâs est syrienne. Entre ce couvent et Manbidj (Mabboug), il y a
4 parasanges, et entre lui et Saroug, 7 parasanges. C'est un
grand couvent, dans lequel il y avait, au temps où il était habité, 370 moines. Il se trouve écrit dans son temple :

« O couvent de Qennesré, tu es une retraite suffisante pour
celui qui se plaisait aux jouissances du monde.

« Ne cesse pas d'être habité et peuplé, ne cesse pas de fleurir;
tu es visité et tu excites l'admiration. »

(1) On peut traduire par « évêque » l'épithète ܡܠܦܢܐ qui lui est donnée; ܡܠܦܢܐ
ܐܣܝܐ ܩܕܝܫܐ se traduirait par « l'évêque et saint abbé ». Il pouvait être évêque
de Harran et supérieur du monastère où il résidait. La forme grecque ܐܣܝܐ
est relativement rare.

(2) Cf. *ROC.*, 1900, p. 295; p. 91 du tirage à part.

(3) Il ne faut pas confondre ܩܢܫܪܝܢ avec ܩܢܫܪܝܢ (Chalcis) à une journée de marche au sud d'Alep, bien que les deux localités soient souvent désignées par le

J. B. A. fit de ce monastère un centre d'études pour les lettres grecques et syriaques où se formèrent plusieurs générations d'hellénistes, et un foyer de vie ascétique où l'Église monophysite alla chercher de nombreux patriarches. Citons parmi les hellénistes : 1° Thomas d'Harkel ou d'Héraclée qui revisa sur les manuscrits grecs la traduction syriaque du Nouveau Testament (1). Il fit cette revision en 616, dans un monastère à neuf milles (Enaton) d'Alexandrie (2). 2° Sévère Sabokt (3), qui y étudia et y enseigna la philosophie, les mathématiques et l'astronomie (4). 3° Jacques d'Édesse, célèbre polygraphe, l'un des principaux écrivains jacobites (5). — Parmi les patriarches monophysites d'Antioche sortis de ce couvent, Bar Hebræus mentionne *Julien* (591-595), *Athanase* (596-635). *Julien le Romain* (688-708), *Georges* (758-790), *Denys de Tellmahré* (818-845). Bar Hebræus dit de la plupart qu'ils apprirent à Qennesré les lettres grecques et syriaques (6).

Un manuscrit de Berlin (7) renferme un fragment d'un opuscule de Daniel, évêque d'Édesse de 665 à 684 (8), sur les luttes des moines de Qennesré avec les démons. L'un de ceux-ci se moqua même de la barbe de Jean bar Aphtonia. Le patriarche Athanase, au temps où il était simple moine, avait une telle humilité qu'il allait lui-même, durant la nuit, jeter dans l'Euphrate

même mot ܟܝܢܐ. A Chalcis se trouvait le monastère de Mar Aqiba (cf. *Plérophories*, chap. lxxxix; *ROC.*, 1898, p. 336, et p. 78 du tirage à part).

(1) L'œuvre de Thomas d'Héraclée, « l'héracléenne », a été publiée. Cf. Rub. Duval, *La littérature syriaque*, Paris, 1899, p. 66.

(2) On a traduit quelquefois ܐܢܛܘܢ par « le couvent d'Antoine ». Il faut lire Ἔνατον, « c'est-à-dire neuf milles », comme l'explique Jean d'Asie (cf. Land, *Anecd. Syr.*, II, p. 177). Le même Jean d'Asie nous apprend (*ibid.*, p. 271) « qu'un couvent grand et renommé de cet endroit était appelé *des pères* ». — On a déjà trouvé plusieurs mentions d'*Enaton* dans la *Vie de Sévère. ROC.*, 1899, p. 348, 543, et pages 31, 37 du tirage à part). — Moscus alla aussi à Ἐννατον (ch. 145 à 147, 177, 184). Il y mentionne le monastère Τουγαρᾶ dont Μηνᾶς était supérieur et le monastère de l'abbé Jean l'Eunuque.

(3) En 659, il fut vaincu par les Maronites dans une controverse publique (cf. *ROC.*, 1899, p. 323; et p. 6 du tirage à part *Opusc. maronites*, seconde partie).

(4) Nous avons publié et traduit son *Traité sur l'astrolabe plan*, Paris, 1899.

(5) Cf. Rub. Duv., *La lit. syr.*, p. 376-378, et le *Dictionnaire de la Bible* de M. Vigouroux, article Jacques d'Édesse.

(6) Cf. *Chron. eccl.*, I, 259, 260, 267, 290, 296, 322.

(7) Syr. 167 (Sachau 315), fol. 58-64. Cf. *Die Handschr. Verz. der Königl. Bibl. zu Berlin*, Berlin, 1899.

(8) Cf. Rub. Duval, *Histoire d'Édesse*, p. 237.

les ordures du monastère. Il apparut en songe à son second
successeur, le patriarche Théodore (649-667), qui semble ainsi
avoir demeuré à Qennesré, et lui commande, pour vaincre le démon, de faire apporter du monastère de Mar Jacques de ܣܘܓ,
la main de Sévère, évêque de Samosate. Le démon regrettait
aussi que les moines de Qennesré eussent apporté au monastère
des reliques de saint Ephrem ; il les appelle « des hommes véné-
rables, des hellénistes, des hommes illustres ». Au temps de
Domitianos, évêque de Mélitène (1) et partisan du concile de
Chalcédoine, les monophysites furent expulsés de Qennesré.
Cette persécution commença en 599 (2) et obligea Thomas d'Héraclée, devenu évêque de Maboug, à se réfugier à Enaton (3),
comme nous l'avons dit. Des moines de Qennesré se réfugièrent
dans l'ile de Crète; ils y furent pris par les Perses en 623 et près
de vingt d'entre eux furent tués (4). Enfin, sous la domination
arabe, le gouverneur de la Mésopotamie, Abdallah bar Darag
(ܕܪܓ), rendit le monastère aux monophysites; il fut détruit en
815 par un incendie, et Denys de Tellmahré le fit reconstruire.

IV. — Ajoutons quelques *synchronismes* pour placer la Vie
de J. B. A. dans son cadre naturel. — Après le concile de Chalcédoine (151), il y eut entre ses partisans et ceux de Dioscore
une lutte que nous avons trouvée esquissée dans les *Plérophories*. Zénon (474-491) s'efforça « de procurer la paix à l'Église »,
d'écarter les questions irritantes et de trouver une profession
de foi (Hénotique) qui pût être souscrite par tous. Durant cette
accalmie eurent lieu les fructueuses luttes contre les païens
d'Alexandrie et de Beyrouth, la destruction du temple de Manou-
tin (Μενουθί = Menouti) (5) et des livres de magie. J. B. A. na-

---

(1) Le catalogue des mss. syriaques de Berlin porte ܡܬܢܝܚܐ ܕܒܝܘܡܝ,
au temps « *du roi* Domitianos, partisan du concile de Chalcédoine », ce qui n'a
pas de sens. On peut sans doute lire ܡܠܟܐ qui serait une abréviation de Mélitène.

(2) Cf. *Liber chalipharum*, Land, *Anecd. Syr.*, I, p. 114.

(3) Cf. Bar Hebræus, *Chron. eccl.*, I, col. 267 :

ܡܬܪܕܦ ܡܢ ܕܘܡܛܝܢܘܣ ܕܡܠܝܛܝܢܝ « Persécuté par Domitianus de
Mélitène, il se réfugia en Égypte ». Un scribe put d'ailleurs confondre ce Domitianus le persécuteur avec l'empereur Domitien, ce qui nous expliquerait encore
l'épithète de ܡܠܟܐ qui lui est donnée dans le ms. de Berlin.

(4) *Liber chalipharum*, p. 115.

(5) Cette célèbre localité n'est mentionnée ni par M. Amélineau, *La géographie
de l'Égypte à l'époque Copte*, Paris, 1893, ni par M. de Rougé, *Géographie ancienne*

quit alors (de 475 à 483). Sous Anastase (491-518) eurent lieu
des persécutions partielles, comme celle de Néphalius (1); mais
l'empereur, fidèle à la politique de Zénon, s'appliqua à écarter
les questions irritantes et à imposer silence aussi bien à ceux
qui prônaient le concile de Chalcédoine contre le gré de leurs
ouailles qu'à ceux qui l'anathématisaient publiquement (2).
J. B. A. entra alors au monastère de Saint-Thomas de Séleucie
(de 490 à 498) et y fut employé au service de la porte durant sept
ans. — Il semble cependant que la seconde partie du règne d'A-
nastase (511-518) fut en fait favorable aux monophysites. On
peut voir là un effet de l'influence personnelle de Sévère et de
ses amis sur l'empereur. Durant cette période, Zacharie le scolastique écrivit la première *Vie de Sévère* et Jean, évêque de
Maiouma, les *Plérophories*. J. B. A. reçut l'habit monacal, exerça
le métier de charpentier et fut enfin appliqué aux études. —
En 518, à l'avènement de Justin (518-527), survint une réaction
violente : l'empereur ordonna d'arrêter Sévère et de lui couper
la langue (3); celui-ci se réfugia en Égypte (4) et s'y cacha depuis lors; un grand nombre d'évêques furent aussi expulsés de
leurs sièges (5) et les monastères monophysites furent fermés.
Jean d'Asie a raconté l'exode des moines d'Amid qui dura neuf

de la Basse-Égypte, Paris, 1891. Cependant elle est mentionnée par Marcien
d'Héraclée, S. Épiphane, Étienne de Byzance. Elle nous est connue en plus par
deux sources de premier ordre : 1° la *Vie des saints martyrs Cyrus et Jean*, écrite
par saint Sophrone, patriarche de Jérusalem, le compagnon de voyage de Jean
Moscus (cf. Migne, *P. G.*, t. LXXXVII, 3°, col. 3410, 3414, 3415, 3694, 3698); 2° par
la *Vie de Sévère d'Antioche* (cf. *ROC.*, 1899, p. 350-352 et 543-550, et p. 33-43
du tirage à part). D'après saint Sophrone, Μενούθη, que les égyptologues écrivent
Mernuter, est un nom d'Isis, et le faubourg de Canope prit son nom de la déesse.
Plutarque nous apprend qu'Isis était appelée Ἀθύρ et Μεθυίρ. — Il semble y
avoir eu à Μενούθη un temple d'Isis avant et après le patriarche Théophile, 385-
412. Ce temple fut ensuite détruit, et il est remarquable que Zacharie et saint
Sophrone font allusion dans les mêmes termes à sa destruction : « un homme
bien inspiré cacha le temple d'Isis sous le sable, aussi l'on n'en voit plus de
trace » (*Vie de Sévère*, p. 31). Une partie des statues de ce temple furent cachées
dans un sanctuaire clandestin détruit enfin par Zacharie le scolastique.
  (1) *ROC.*, 1900, p. 91-92 [note 1, lire νηφάλιος, sobre, au lieu de νεφέλιον], et
p. 81-82 du tirage à part.
  (2) Cf. Evagrius, *Hist. eccl.*, III, xxx.
  (3) *Ibidem*, IV, iv, et Land, *Anecd. Syr.*, III, p. 234-235.
  (4) Les Coptes fêtent son arrivée en Égypte le 2 Paophi (29 septembre). Renaudot, *Hist. patr. Al.*, Paris, 1713, p. 133.
  (5) Cf. Land, *Anecd. Syr.*, III, p. 247-248.

ans et demi (518-527/8) (1). A cette occasion, J. B. A. fut élu supérieur par les moines expulsés du monastère de Séleucie. Ceux-ci purent sans doute réintégrer leur couvent, car les moines d'Amid eux-mêmes réintégrèrent les leurs de 527/8 jusqu'en 535 (2). — En 525, Ephrem, comte de l'Orient, fut nommé par l'empereur patriarche d'Antioche, et chercha dès lors à expulser de son patriarcat, par la force armée, tous les moines monophysites. Il commença par l'Occident (525-531) et expulsa en particulier J. B. A. entre les années 528 et 531. Pendant ce temps, Justinien I*r (527-565) réunissait à Constantinople six évêques du parti de Sévère et six évêques orthodoxes pour leur faire discuter les points litigieux (531) (3). C'est sans doute dans ce conciliabule que J. B. A. servit de secrétaire. Il était désigné pour cette charge par sa connaissance des langues grecque et syriaque et par sa situation. Ephrem expulsa ensuite les moines monophysites d'Amid et des environs (535), comme le raconte Jean d'Asie (4). En 536, un concile réuni à Constantinople sous le patriarche Mennas condamna nommément Anthime et Sévère (5). J. B. A. mourut l'année suivante (6).

F. NAU.

(1) Land, *Anecd. Syr.*, II, p. 210, l. 18.

(2) *Ibidem*, ligne 26.

(3) Cf. Mansi, t. VIII, col. 817-823. — Les évêques monophysites étaient d'ailleurs accompagnés de clercs et de moines. *Ibidem*, col. 817, D.

(4) Land, *Anecd. Syr.*, II, p. 294.

(5) Cf. Mansi, t. VIII, col. 967.

(6) Pour ne pas trop apitoyer nos lecteurs sur le sort des monophysites si violemment persécutés durant la vie de J. B. A., nous devons ajouter qu'ils persécutaient également les catholiques lorsque l'occasion s'en offrait, — c'est ainsi qu'ils frappèrent Flavien, patriarche de Constantinople, et mirent à mort Protérius, archevêque d'Alexandrie, — et Jean d'Asie, après nous avoir décrit ses souffrances et celles des siens, écrit sans vergogne aucune : « La dix-neuvième année de l'empereur Justinien (546) on s'occupa, *grâce à mon zèle*, de l'affaire des païens que l'on découvrit à Constantinople; c'étaient des hommes illustres et nobles avec une foule de grammairiens, de sophistes, de scolastiques et de médecins. Quand ils furent découverts, et que, grâce aux tortures, ils se furent dénoncés, on les saisit, on les flagella, on les emprisonna, on les donna aux églises pour qu'ils y apprissent la foi chrétienne comme il convient aux païens ». Cf. *Analyse des parties inédites de la chronique attribuée à Denys de Tellmahré*, *ROC.*, 1897, p. 481-482, et p. 59-60 du tirage à part. — En somme les personnages de cette époque sont à la fois, à divers points de vue et en diverses années, persécuteurs et persécutés, bourreaux et victimes. S'ils n'avaient personne — pas même un texte — à torturer, ils se torturaient eux-mêmes par des pratiques ascétiques qu'ils inventaient dans ce but.

[illegible]

[illegible]

[illegible]

[illegible]

1. [illegible] (1) [illegible] (2) [illegible] (fol. 84 r b) [illegible]

(1) [illegible] ? ms.

(2) Le manuscrit semble avoir quelques lettres grattées après [illegible]. Il porte ensuite [illegible].

[Syriac text]

(fol. 84ᵛa)

2. [Syriac text]

(1) [Syriac text]

(2) [Syriac text]

(3) [Syriac text]

[Syriac text]

(fol. 84ᵛb) [Syriac text]

3. [Syriac text]

---

(1) [Syriac] *Cod.*

(2) [Syriac] *Cod.*

(3) [Syriac] *Cod.*

(fol. 85ᵃ)

(fol. 85ᵇ)

---

(1) Le ms. portait ܪܟܬܐ ܐܝܬ ܒܝܣܝ, on le corrigea par ܪܟܬܐ ܒܝܣܝ ܣܓܝ, « son fils était très beau ». Le sens demande, conformément au texte primitif : « son fils était très jeune ».

(2) ܒܝܕܝܐ *Cod.*

(3) Le ms. portait ܒܬܘܠܘܣ. Ce mot a été remplacé en marge par ܣܘܪܝܐ.

[Syriac text] (fol. 85ᵛ a) [Syriac text, ending with footnote marker (1)]

[Syriac text]

[Syriac text]

[Syriac text]

[Syriac text] (fol. 85ᵛ b) [Syriac text, including footnote marker (2)]

5. [Syriac text]

<hr>

(1) Ce dernier mot a été ajouté en marge.

(2) Le ـ a été ajouté après coup. Il vaut mieux placer cette lettre plus loin et lire : [Syriac text].

[Body text in Syriac script, with the following interspersed folio references: (fol. 86 r°a) … (fol. 86 r°b) … (fol. 86 v°a) …]

(1) ܚܡܝ figure dans la marge. Lire ܚܡܝ.

(2) Le ms. porte en marge ܢܩܦܐ.

[illegible] (fol. 86 v b) [illegible] (1). [illegible]

7. [illegible] (2). (fol. 87 r a) [illegible]

(1) Lire [illegible].

(2) [illegible] *Cod.*

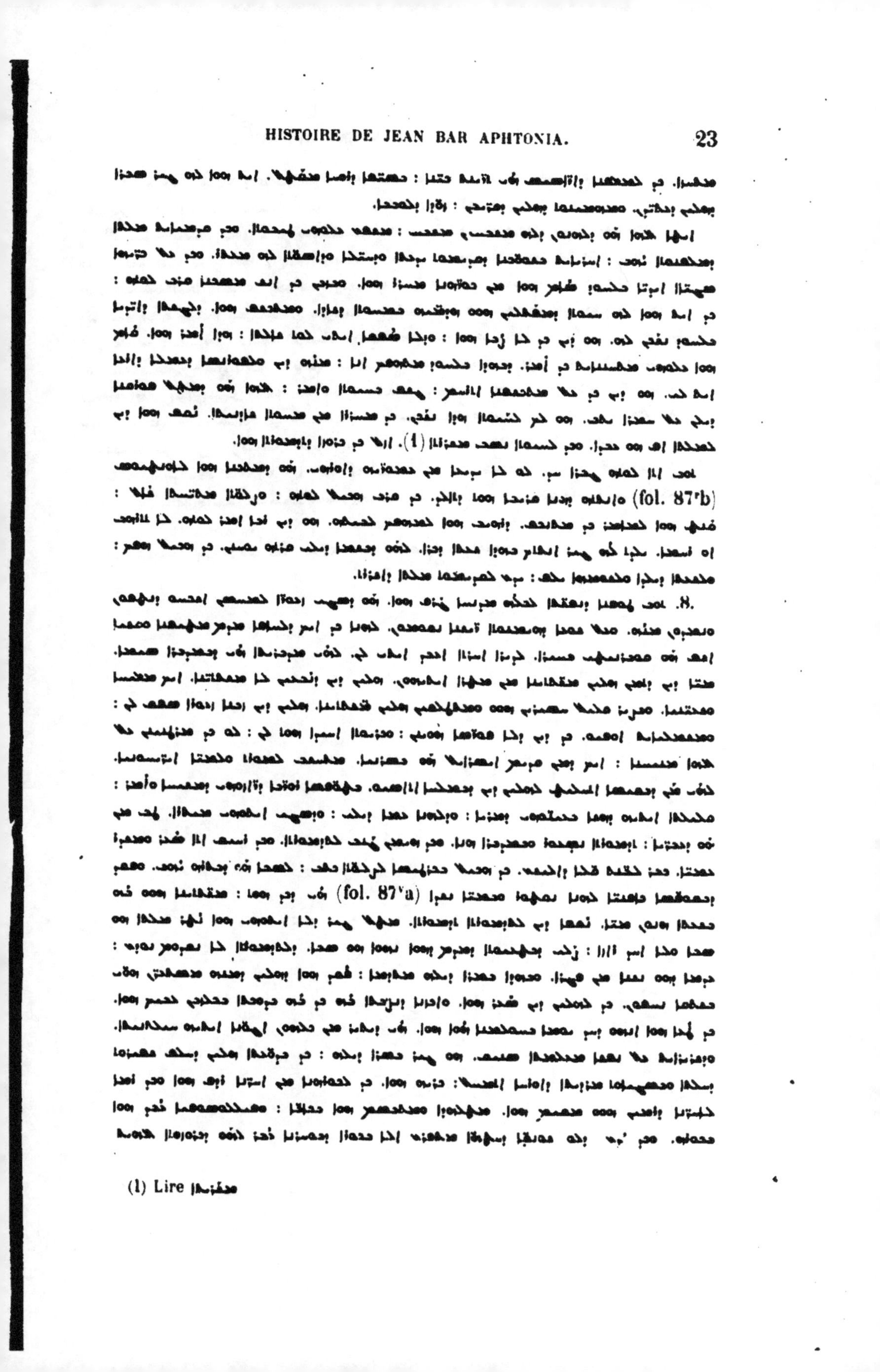

(fol. 87ᵛb)

(fol. 87ᵛa)

(1) Lire ܡܟܬܒܐ

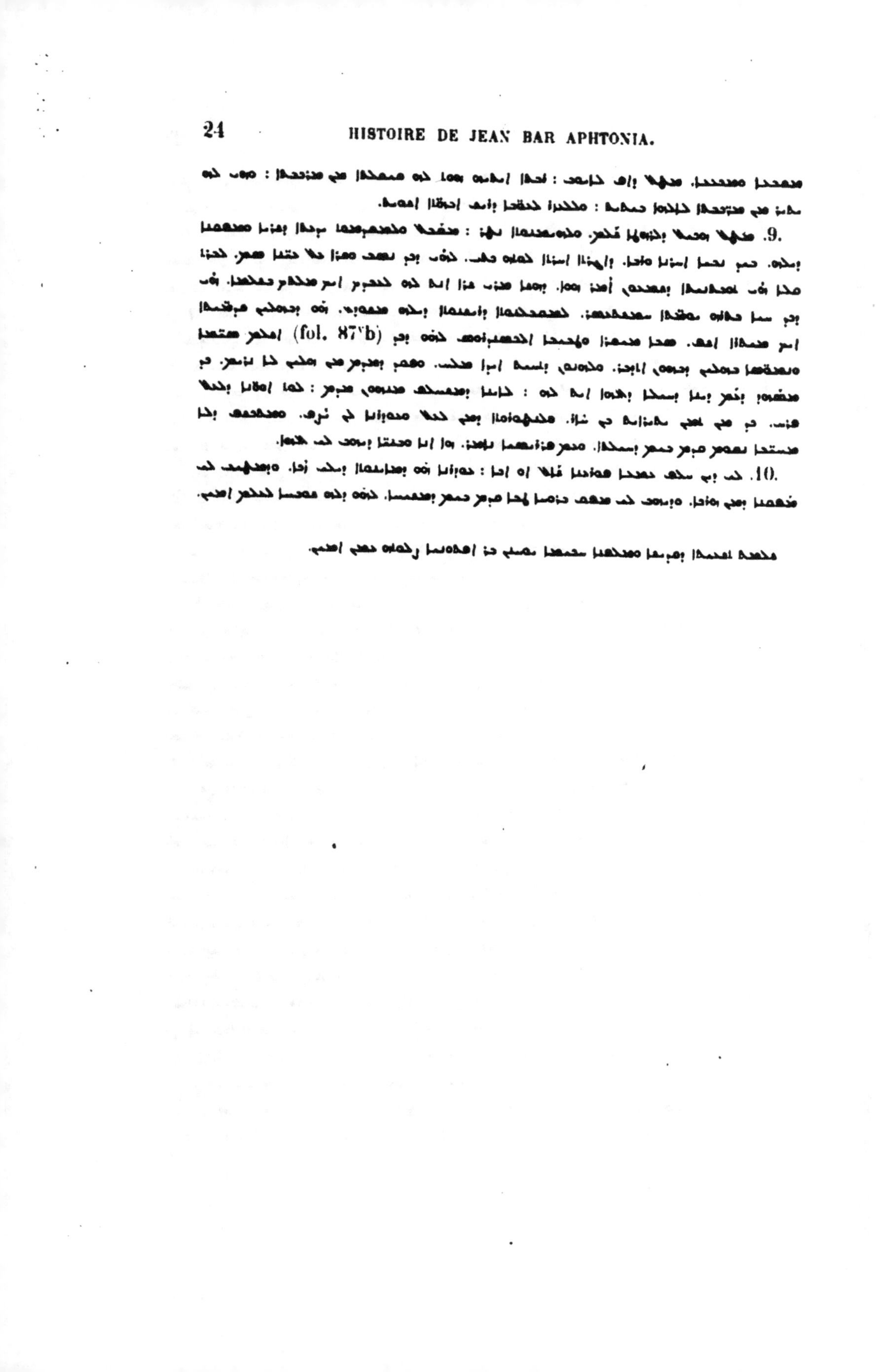

9. [Syriac text]

[Syriac text] (fol. 87 b) [Syriac text]

10. [Syriac text]

[Syriac text]

HISTOIRE

DE

L'ILLUSTRE JEAN,

SUPÉRIEUR DU SAINT MONASTÈRE D'APHTONIA,

écrite par l'un de ses disciples.

----

1. **EXORDE.** — Quand je vois les guerriers honorés de louanges, de couronnes, de statues et d'un souvenir indélébile, — on n'a garde de passer sous silence rien de ce qu'ils ont fait de bien, — je m'élève au-dessus de ma capacité et je commets la folie de tenter de faire connaître notre valeureux (guerrier), au risque de paraître impudent, afin que les chrétiens ne paraissent pas plus injustes que les païens. Il est risible en effet que les fils des païens soient encore loués jusque maintenant pour leur force corporelle et que nous laissions sans statue les soldats du Messie qui ont montré de la vigueur spirituelle et qui ont vaincu la troupe des démons (1). Et la cause de la renommée de ceux-là est dans l'effusion du sang et les homicides, tandis que, par la victoire de ceux-ci. Dieu est apaisé, les anges sont dans la joie et les hommes dans l'admiration, et la troupe (2) des démons qui n'est pas matérielle souffre de se voir vaincue par des hommes matériels.

J'en arrive donc à célébrer la victoire, à élever ce monument remarquable d'un illustre combat, à couronner cette intelligence victorieuse par des productions appropriées, — car les discours sont les productions de l'esprit : — mais j'éprouve alors ce qui arrive aux hommes qui aiment les nombreux mets et la gourmandise : quand des mets nombreux et de grand prix sont placés devant eux durant un repas, ils examinent sur lesquels ils porteront la main afin de choisir le meilleur, et celui que leur œil rencontre, quel qu'il soit, leur paraît toujours préférable. Voilà que sont placées devant moi les belles actions de (cet) homme, et chacune d'elles se place en avant dans mon esprit comme pour demander à être inscrite en tête. Car toutes, les premières et les secondes, et non pas une seule, sont

----

(1) Nous avons dit (*Introd.*, III) que le ms. de Berlin *Syr*. 167 raconte les luttes des moines de Quennesré avec les démons.

(2) *Mot à mot* : la moitié *ou* la partie.

des actions d'éclat. Nous commencerons cependant notre discours (1) par l'origine de notre salut, par l'Incarnation de Dieu le Verbe : Avant lui la voie de la perfection n'était pas fréquentée et était accessible à peu de gens, parce que l'idée même du royaume du ciel était trop obscure. Mais quand le Messie eut tracé cette voie, non seulement les hommes, mais aussi les femmes et les enfants, la suivirent avec courage : les uns se hâtèrent joyeusement vers le cirque du martyre et rendirent ainsi au Messie le sang de leur cou (quand on les décapita) en échange de celui qui coula de son côté (2); d'autres se précipitèrent vers les périls de la profession de la foi qu'ils estimaient plus que leur vie; d'autres enfin se livrèrent aux travaux du naziréat (de la pureté), et mortifièrent leur chair enflammée; ainsi ils ne souffrirent pas seulement une mort, mais une mort quotidienne, dans le mépris des mortifications que la religion leur rendait désirables, et dans le dédain de la vie d'ici-bas, puisqu'ils se hâtaient vers le monde à venir. Le chef spirituel de notre monastère imita ces derniers avec une noble émulation, on le vit pur et confesser (la foi), et il fut compté dans les deux troupes (des ascètes et des confesseurs).

2. SA FAMILLE. — Mais revenons à son pays et à sa famille, car ce ne sont pas là des matières trop infimes pour notre discours. Comme le peintre qui veut dessiner l'image du roi tire profit de l'encre qui est cependant plus vile que toutes les couleurs, car lorsqu'on l'étend d'abord avec mesure (3) elle fait briller davantage les couleurs que l'on met par-dessus, de même ces détails (sur la patrie et la famille) sont réputés de peu d'importance, mais quand on les met au commencement et qu'on les expose comme il convient, ils donnent une grande force à ce qui suit. — Nous sommes amenés à remarquer que ces détails sont placés dans un livre inspiré par Dieu, non par hasard ni sans utilité, mais pour nous fournir une démonstration évidente : *Il y avait un certain homme*, dit (le Livre), *dans le pays de Hus, qui se nommait Job* — et plus loin — *et cet homme était d'illustre famille et du pays où se lève le soleil, et il avait de grandes richesses*, etc. (4). Il ne dit pas que c'était un homme inconnu, né de parents obscurs, qui grandit dans une pauvreté laborieuse et abaissée; mais, pour amener facilement la chute de sa puissance et la dispersion de ses biens, il parle d'abord de l'illustration de sa famille et du nombre de ses richesses, pour montrer la grandeur de l'épreuve et rendre sa victoire plus éclatante. La richesse est un grand obstacle à la perfection ainsi que la noblesse de la famille, comme Notre-Seigneur l'a montré dans les Évan-

(1) Ou notre homélie (ܡܐܡܪܐ).

(2) Jean. XIX, 31.

(3) ܣܩܘܡܝܐ (?); cf. ܣܩܘܡܝܐ

(4) Job, I, 1, 3. La première partie de la citation porte ܥܘܨ, Hus, comme l'hébreu et la Peschito, tandis que les anciens manuscrits grecs portent ἐν χώρᾳ τῇ Αὐσίτιδι. La seconde partie au contraire est conforme au grec καὶ ἦν ὁ ἄνθρωπος ἐκεῖνος εὐγενής, τῶν ἀφ' ἡλίου ἀνατολῶν, et diffère de l'hébreu et de la Peschito qui portent : « cet homme était plus illustre que tous les fils de l'Orient ». Les derniers mots *et il avait de grandes richesses* ne se trouvent dans aucun texte.

giles en disant : *Il est plus facile qu'un chameau entre dans le trou d'une aiguille qu'un riche dans le royaume du ciel* (1). La richesse est un creuset pour éprouver (le métal), la fournaise du cœur, le signe de *Satan*, l'antre de l'avarice.

Si donc un homme dit de notre père ce qui a été dit de *Job*, il ne se trompera pas, car il était en effet d'illustre race parmi les Orientaux de l'autre côté du fleuve, d'un pays proche du patriarche *Abraham*, car *Ourhoi* (Édesse) produisit cette perle qui est plus précieuse que les béryls, les émeraudes et le pays d'*Hévila* riche en or (2). Ses parents étaient de ceux qui dirigeaient et gouvernaient cette ville, comme l'œil gouverne son corps. Ils abondaient en richesses, en gloire, en puissance et en honneurs, surtout parce qu'ils étaient riches en justice et en religion. Son père possédait la sagesse profane, car il n'était pas arrivé sans mérite à la charge de rhéteur. La parole est trop faible pour dépeindre toutes les qualités de sa mère nommée *Aphtonia*, parce qu'elles surpassent toute parole. Elle enterra bientôt son mari, et demeura, jeune encore, avec cinq petits enfants. Elle ne prit pas un autre homme, et ne laissa pas ses enfants supporter les épreuves (qui assaillent d'ordinaire) les orphelins ; mais elle plaça les uns dans les écoles, et les munit de la science des discours et des lois, et elle sauva les autres du sort malheureux des orphelins en les munissant d'offices impériaux et de charges, et elle leur prépara ainsi une vie facile.

3. SA JEUNESSE. — Quant à notre héros qui n'était pas encore né, cette mère de beaux et bons enfants, tous de sexe masculin, le consacra à Dieu par une sorte de prophétie quand elle le portait encore dans son sein (3). Quand il fut né, elle l'éleva dans sa demeure comme dans un sanctuaire et ne lui laissa pas fréquenter le monde. Elle voulut (ensuite) le cacher promptement au monde afin que celui-ci ne changeât pas sa sagesse et que la volupté ne lui ravît pas sa virginité. Comme elle s'informait avec soin de la vie des moines, c'est-à-dire des cénobites et de ceux qui vivent en communauté, elle apprit que les uns se conduisent d'après leur propre volonté et selon ce qui leur plaît de manière particulière : ils ont une perfection qui n'est pas éprouvée et contrôlée et ne sont bons que pour eux seuls, tandis que les autres qui choisissent la vie commune, embrassent la

(1) Matth., xix, 24. Ce texte est une traduction mot à mot du grec : Εὐκοπώτερόν ἐστι κάμηλον... La Peschito rend cette idée par les mots un peu différents : ܕܢܥܘܠ ܗ̄ܘ ܠܓܡܠܐ — On sait que ce texte ne doit pas être pris à la lettre, pas plus que celui où il est dit que les Pharisiens rejetaient le moucheron et « buvaient le chameau », Matth., xxiii, 24. — On pourrait peut-être aussi voir là une sentence orientale légèrement modifiée dans la traduction grecque de saint Matthieu et dont la forme primitive, conforme au parallélisme constant des écrits gnomiques, serait :

> Il est difficile à un chameau de passer par le trou d'une aiguille
> Et à un riche d'entrer dans le royaume des cieux.

(2) Cf. Genèse, ii, 11-12.

(3) Cette idée se retrouve dans l'hymne de Jean Psaltès que nous traduisons à la fin.

vie apostolique avec des statures et des corps divers, mais ne montrent qu'une volonté, s'aident les uns les autres, s'entrainent mutuellement vers la perfection et se fortifient. Ils s'exercent entre eux à une belle obéissance et à la patience, bien qu'ils se respectent et s'honorent, car ils sont ceints de cette charité qui contient tous les commandements. Ils possèdent tout et cependant ne possèdent rien, car c'est à la communauté. Elle jugea bon de placer son sacerdotal (fils) au nombre de ces derniers, et elle s'informa encore de la communauté la plus parfaite parmi toutes les autres et de la régularité des supérieurs.

Elle apprit par un homme, comme si Dieu l'avait poussé (à cela), que dans le voisinage de *Séleucie* (1) il y avait un monastère nommé de l'apôtre *Thomas* (2) qui était plus relevé que tous les monastères, convenait mieux à la vie monastique et était plus soigneux à pratiquer les commandements; mais il n'admettait en aucune manière les jeunes gens.

4. Son entrée au couvent. — Comme elle voyait que son fils était très jeune, car il n'avait que quinze ans (3), elle agit de la manière suivante : quand il eut été un peu initié aux livres profanes et qu'il eut goûté du bout des lèvres, pour ainsi dire, aux (affaires) ambiantes, elle prit son fils, courut à *Antioche*, et quand elle approcha de celui qui occupait alors ce siège patriarcal — c'était *Palladios* (4), — elle le supplia, bien qu'il ne l'eût pas encore vue d'ailleurs, — mais elle était d'aspect et de manières imposantes, — de persuader les moines par des ordres différents de ceux que donnaient les supérieurs de ce monastère. Elle alla ensuite à *Séleucie* sans perdre de temps, sans placer sa confiance dans les supérieurs, mais en Dieu qui accueillerait ses prémices comme celles d'Abel (5), car elles étaient bien choisies et offertes. Elle commença par supplier Dieu, ainsi que saint *Thomas* son héraut et son apôtre, d'incliner vers elle les esprits des moines. Quand elle arriva au monastère, elle pria les saints de garder l'enfant avec eux, elle donna aussi la lettre qui avait été écrite à son sujet et la présenta aux moines dès le commencement, pour les incliner en sa faveur. Ils transmirent sa demande à leur maitre, à la porte du monastère; c'était

---

(1) Près du mont Pierus, à l'embouchure de l'Oronte, à six kilom. au nord du village actuel de Souëidiéh. — Cette ville fut visitée par Jean Moscus vers l'an 600. Il l'appelle Séleucie près d'Antioche (Σελεύκια ἡ πρὸς Ἀντιόχειαν). Il y trouva trace des luttes entre les monophysites et les catholiques (chap. lxxix, Migne, *P. G.*, t. LXXXVII, 3ᵉ; cf. chap. xcv). — Il ne mentionne plus de monastère à Séleucie même.

(2) Au concile de Constantinople (536) figure Jean prêtre et archimandrite du monastère de Saint-Thomas, syrien. — Il s'agit sans doute de notre monastère (Mansi, t. VIII, col. 930, 954); ce Jean serait le successeur de B. A. qui fut expulsé vers 530.

(3) Il s'ensuit que Jean B. A. avait quinze ans lorsque *Palladios*, dont on va parler plus bas, était patriarche d'Antioche, c'est-à-dire de 490 à 498. Nous reproduisons cette date d'après M. Krüger, *Die sog. Kirchengesch. des Zach. rh.* Leipzig, 1899, p. 335.

(4) Patriarche d'Antioche de 490 à 498.

(5) Genèse, iv, 4.

un homme vénéré et vénérable qui était arrivé à une extrême vieillesse, car il vécut près de cent ans. Il perdit la vue dans sa vieillesse, comme le patriarche *Isaac* (1) ; il se nommait *Théodore*. Après avoir fait entrer l'enfant et sa mère, elle lui apprit pourquoi elle s'était donné tant de peine et avait entrepris une si longue route. « Pourquoi, lui dit-il, as-tu passé les autres moines et es-tu venue près de nous? » Elle lui répondit : « Celui qui m'a inspiré, quand je le portais encore dans mon sein, de le lui consacrer, celui-là m'a dirigée vers votre monastère et m'y a amenée ». Elle présenta aussi les lettres avec la requête. Quand le vieillard l'eut entendue, il ordonna d'amener l'enfant à ses genoux; il lui toucha les joues et, les trouvant imberbes, il dit : « Tu ignores donc, ô femme, que tu nous demandes de transgresser les lois de nos pères (2)? » Elle répondit : « Non, seigneur, mais je n'ai pas voulu attendre qu'il eût de la barbe parce que je craignais que le monde ne mêlât quelque chose de lui à mon offrande. Si l'offrande n'est pas parfaite, l'empressement de sa mère complète ce qui lui manque. Comme un autre *Héli*, ô homme vénérable, reçois donc mon *Samuel* (3) ». Il répondit : « Je ne transgresserai pas les lois que nos pères ont établies; prends-le donc et va, tu le ramèneras quand tu verras que ses joues seront couvertes de barbe. » Elle, qui ne savait pas insister, prit donc son enfant et s'en alla pleine de tristesse, comme après une offrande maudite. Elle se dirigea tout droit vers le bâtiment où était l'oratoire de l'apôtre. Pendant qu'elle y était, comme le jour baissait, la nuit arriva durant ses prières prolongées. Dieu ne l'abandonna pas, il voulut exalter sa foi et sa (bonne) volonté, comme pour la *Chananéenne* (4). Il apparut en songe au vieillard, supérieur des moines, sous la figure de l'apôtre : « Pourquoi, lui dit-il, repousses-tu et expulses-tu le vase d'élection qui t'a été adressé? Il deviendra grand, il sera le soutien et le sauveur de ton monastère, quand celui-ci sera comme un navire qui enfonce, il le sauvera en bon timonier et capi-

____

(1) Cf. Genèse, xxvii, 1.

(2) Ces ordres avaient pour but d'assurer la sincérité des vocations en n'admettant que des jeunes gens majeurs. Cependant, pour avoir un recrutement plus nombreux et plus homogène, on s'avisa, comme va le faire notre bon supérieur lui-même, de prendre de tout jeunes gens, mais de les enfermer d'abord dans des écoles ou des dépendances du monastère et de ne les admettre dans la communauté qu'à leur majorité. Les vocations en étaient moins sincères, mais on évitait du moins les scandales « causés par la présence de petits garçons et de jeunes gens imberbes » mentionnés par M. X*** dans la *Revue de l'Orient chrétien* 1901, n° 4, p. 550 et p. 546. — Les prélats orientaux du v° siècle, en face de semblables désordres, prirent leurs diacres et leurs religieux tels qu'ils étaient et non tels qu'ils leur ordonnaient d'être, et s'engagèrent, pour diminuer le nombre des crimes et des scandales, au nom de l'Évangile et de la raison, à ne conférer une ordination quelconque qu'à des hommes mariés légitimement. Cf. Braun, *Das Buch der Synhados*, Stuttgard, 1900, p. 69-72. — L'auteur nous dira un peu plus bas, qu'il y avait aussi des moines « relâchés » au couvent de Saint-Thomas, et qu'ils y pratiquaient peu la charité.

(3) Cf. I Rois, i, 24-28.

(4) Cf. Matth., xv, 22-28.

taine, il le délivrera aussi de toute perversité hérétique; va donc, jette et ramène le filet (1) ».

Quand il sortit de ce songe, il n'attendit pas le jour, mais fit appeler aussitôt cette femme virile et sacerdotale avec son offrande et lui dit : « Réjouis-toi, ô femme, si toutefois on doit t'appeler femme, toi qui es si virile contre les sentiments maternels et qui regardes comme un danger de le garder chez toi. Ton offrande sacerdotale, dont la règle ne voulait pas, est acceptée par Dieu; elle n'est pas inférieure au sacrifice d'*Abraham* et je crois maintenant qu'il ne me faut pas regarder à la taille, comme jadis pour *Samuel*, mais à la rectitude du cœur. Va donc avec joie, car tu as acquis une descendance dans *Sion* et des familiers à *Jérusalem* ». Celle-ci laissa donc le saint dans la paix du monastère avec la promesse des premiers degrés (du monachisme) et retourna chez elle, en adressant des louanges d'actions de grâce au Sauveur qui avait miraculeusement agréé son offrande.

Le vénérable vieillard ne fit pas un moine de cet enfant dès son arrivée, car on prend moins de soin pour conserver ce qu'il est facile d'acquérir, tandis que l'on garde de manière durable ce qui a coûté quelque peine pour être acquis. Aussi, comme un éducateur et un maitre, il le mit à la porte du monastère et ordonna de l'éprouver par le travail corporel et les offices réputés humiliants, afin d'exercer sa patience. Et les travaux qui suivirent ne furent pas moindres que les premiers, mais la fin répondit au commencement et de longs travaux lui furent imposés en attendant que la barbe lui vint. Pour lui, il faisait gaiement son travail, et ces semaines de monachisme ne lui paraissaient être que quelques jours (2), car il aimait la vie monacale. En vérité, il était exposé au feu du jour et au froid des nuits, comme le patriarche *Jacob*, et le sommeil fuyait ses yeux, et ce n'était pas pour empêcher ses brebis de devenir la proie des animaux sauvages, mais bien pour être sans reproche dans son service. Le travail était considérable à la porte de ce monastère, qui était placé près du port de la ville des habitants de *Séleucie*. Il recevait, nourrissait copieusement et renvoyait ceux qui partaient sur les navires ou qui revenaient. Le supérieur de la porte, qui pouvait très bien observer Jean, puisqu'il était toujours sous ses yeux, louait, autant qu'on pouvait le faire, la conduite de cet enfant : il fuyait la vaine gloire, était maitre de lui-même et il émergeait facilement parmi les enfants qui, par leur conduite, tendaient à s'amender (de leurs défauts). Parmi ceux-ci, il se faisait grandement admirer par sa profonde humilité, sa sincérité, le sérieux de son visage, son habitude de baisser les yeux sans les laisser errer, son langage mesuré sans exubérance, et la prudence de sa conduite qui l'éloignait à la fois d'une trop grande promptitude et de l'indolence; de l'une, comme chose inconsidérée, de l'autre, comme n'étant que paresse, au point qu'il en arriva à présenter le caractère de la vieillesse, c'est-à-dire à rendre sa conscience droite, bien qu'il fût encore jeune. Comment énoncerais-je toutes ses qualités? En peu de temps,

(1) Cf. Jean, xxi, 6.
(2) Cf. Genèse, xxix, 20.

il réforma ce que les autres ont peine à réformer durant toute leur vie.

5. IL REÇOIT L'HABIT MONACAL. — Au bout de sept ans (1), quand on vit que ses joues commençaient à se couvrir de barbe, on l'orna de l'habit monacal et on le compta au nombre des moines. On ne lui donna pas encore un livre et on ne le laissa pas encore approcher de l'art de la parole, mais on lui donna un métier fatigant et humiliant : celui de charpentier. Tandis qu'il le pratiquait magistralement, il était le serviteur de tous en général et de chacun en particulier, car il était commandé en tout par tout le monde. Sur ces entrefaites, ses frères se partagèrent les biens de leurs parents et, comme il lui revenait le quart de ce partage (2), ils lui envoyaient tous les ans soixante dariques d'or (3). Quand il les recevait, il les employait à des œuvres de perfection, il le faisait dans le silence et le montrait (seulement) au créateur de l'univers ; il complétait le nécessaire à ceux qui étaient dans le besoin, persuadé qu'il était de son devoir de le faire. Cet argent l'exposait au danger de s'en servir pour ce qui ne convenait pas. « Qu'il ne m'arrive jamais, disait-il, d'abonder en richesses, pendant que d'autres sont dans le besoin ». Il acquit ainsi la charité qui comporte toutes les perfections, et qui est l'accomplissement de tous les commandements et la compagne des anges.

Mais le démon méchant et cruel ne se contint pas à cette vue : il s'adressa aux frères relâchés, et s'en servit comme d'un instrument contre (Jean). Il est impossible à celui qui vit dans la perfection, de fuir la jalousie des méchants : les uns l'accusaient ; les autres l'accablaient de calomnies ; d'autres le frappaient sur la tête en se jouant, disaient que sa pureté était mensongère, lui refusaient bien des choses et lui attribuaient tout ce que l'envie peut inventer. Pour lui, il se réjouissait d'être méprisé, mais la peine de ceux qui le vilipendaient lui enlevait sa joie et il ne pensait pas que leur perte lui fût un gain ; aussi il s'éloignait un peu et donnait à la souffrance le temps de disparaître, puis il revenait aussitôt s'humilier aux pieds des détracteurs et ne s'éloignait pas avant d'avoir délivré de la tyrannie de l'envie celui qui voulait l'écouter. Il se gardait avec sagesse et vigilance contre l'ennemi, c'est-à-dire contre Satan et son instrument ; il faisait honte surtout à celui qui frappait ou blessait.

6. IL EST NOMMÉ SUPÉRIEUR. — Quand il eut bien réformé tout cela et apaisé, à l'image du vénérable *Job,* toutes ces bêtes sauvages, il fut amené à des travaux encore plus pénibles. A un certain moment, pourrais-je dire, la paix de l'Église fleurissait parmi nous, la parole de vérité était libre et nous allions au temple de Dieu avec unanimité de pensée ; ceux qui divisent la sainte Trinité, l'humanité du Verbe, les substances et les natures, étaient radicalement détruits (4). Mais comme, à l'image des corps, nous

(1) Il avait donc vingt-deux ans.

(2) L'un des enfants devait donc être mort, car on a vu qu'ils étaient cinq frères.

(3) Quinze cents francs.

(4) Il serait plus exact de dire que Zénon et Anastase s'efforcèrent d'imposer silence aux adversaires (cf. Evagrius, III, 30), préoccupés qu'ils étaient, comme nous l'apprennent tous les auteurs, de procurer « la paix de l'Église ».

avons passé d'une bonne santé excessive à l'état opposé, en corrompant cette santé elle-même, et que nous avons été malades sans mesure, nous avons été abandonnés à notre propre sens et nous nous sommes rendus méprisables par ce que nous nous sommes appliqués à faire. Plus tard, après toutes ces marques de retour vers le mal, l'empereur pieux fit une belle mort (1) et dès lors nous fûmes comme *Israël* et *Juda* (2). Beaucoup adorèrent les deux natures, comme ces deux veaux qui furent fabriqués jadis (3), parce qu'ils tenaient surtout au siècle et non au Messie. Et parmi ceux qui se livrèrent à ces deux (natures) (4), les uns s'y laissèrent conduire, car certains furent entraînés par leurs familles; les autres faiblirent devant les souffrances. Si un homme s'élevait au-dessus du siècle et se trouvait supérieur à la crainte, on le jalousait à cause de sa grandeur d'âme, on le chassait du pays pour le livrer à de plus grands maux. Dès lors s'accomplirent la spoliation des séculiers, la persécution des moines et la dérision des vierges pures, selon la prophétie de notre Sauveur (5), car le fils livrait son père à la mort, la fille sa mère, la bru sa belle-mère, le frère son frère (6). La persécution s'acharnait contre les moines et séparait les meilleurs des relâchés. Le trajet que durent faire les exilés éprouva aussi leur corps et sépara le faible du fort. Nous conservâmes donc la foi, mais nous fûmes réduits à un petit nombre, à une partie seulement de ceux qui furent chassés, et nous fûmes jugés dignes de souffrir pour le Messie (7). Ceux qui furent chassés sans rémission coururent à notre héros pour le gagner seul à leur cause, comme s'ils pensaient que par lui ils gagneraient tout le monde. Il avait été sauvé, comme *Paul* l'avait été auparavant dans une corbeille (8), car il avait été délivré par le secours de Dieu de la main de ceux qui le poursuivaient (9). Il fut ainsi conservé pour nous et non pour lui. De

(1) Il doit être ici question d'Anastase mort en 518.

(2) Partagés en deux factions ennemies.

(3) Par Jéroboam; cf. III Rois, xii, 28-29.

(4) L'auteur de cette Vie ne reconnaît qu'une nature « après l'union » en N.-S., il est donc monophysite et par suite hérétique. On remarquera qu'il se borne à donner une formule et ne l'explique en aucune manière. On trouvera quelques détails en plus dans les deux dernières hymnes que nous traduisons plus loin.

(5) Cf. Matth., x, 21.

(6) On trouve le même tableau dans l'histoire d'Evagrius (IV, 10) : Ἡνίκα γὰρ ὁ περὶ πίστεως πρόκειται λόγος, πατέρες τε πρὸς παῖδας, παῖδες τε αὖ πρὸς τοὺς φύντας διίστανται, γυνή τε πρὸς τὸν ἴδιον γαμέτην, ἀνήρ τε αὖ πάλιν πρὸς τὴν ἰδίαν γαμέτην. « Dans les questions de foi, les parents se séparent des enfants et les enfants des parents, la femme de son mari et le mari de sa femme ». Evagrius cite en exemple le ménage impérial, où le mari, Justinien I", défendait ceux qui plaçaient en Notre-Seigneur deux natures après l'union, tandis que la femme, Théodora, soutenait ceux qui ne reconnaissaient après l'union qu'une nature incarnée.

(7) Le rédacteur de cette homélie semble s'être trouvé aussi à Séleucie.

(8) Cf. Actes, ix, 24-25.

(9) Nous ne savons de quelle peine était menacé Jean B. A. Mais Evagrius raconte (IV, 4) qu'à la demande de Vitalien, Justin ordonna à Irénée, comte de

même l'apôtre *Paul*, qui aimait cependant être avec le Messie, choisit la vie mortelle plutôt que le plaisir (céleste) parce qu'il crut devoir se consacrer au salut de ses disciples. Comme le supérieur de notre monastère était du mauvais côté parce qu'il fut entraîné au mal, Dieu, au lieu de *Saül*, nous donna *David*, homme selon son cœur et qui accomplirait toutes ses volontés (1). Il y avait eu un grand prodige au commencement de sa vie monacale, il y en eut encore un plus grand quand il fut nommé supérieur du monastère. Alors Dieu persuada à un seul de l'admettre, maintenant il inspira à tous, aux vieux et aux jeunes, aux grands et aux petits, de le choisir pour chef. Quand ils l'eurent abordé et se furent jetés à ses pieds en le suppliant d'accepter d'être leur supérieur et en lui remontrant la dureté du temps, il ne voulait pas accepter et disait : « C'est aux vieillards à commander, c'est convenable et profitable ». Mais ils ne voulaient pas accepter son excuse et insistaient : « Nous n'aurons pas de chef parmi (2) les autres vieillards si ce n'est toi. Si tu n'acceptes pas, nous ferons comme *Seba bar Bochri* (3), chacun (de nous) ira à sa demeure et fera ce qui lui paraîtra bon. Vois donc à ne pas nous livrer en la puissance des loups et à ce que nous ne tombions pas de notre vie exempte de tentations, dans celles que nous avons fuies jusqu'ici ». Il se trouvait donc placé entre deux écueils, et voyait les deux dangers : celui que lui apportait la charge de supérieur et celui que la fuite suspendait au-dessus de sa tête. Il choisit le moindre et accepta la pénible charge. Les commandements dans le monde obligent par la crainte — soit par le glaive, soit par les coups — ceux qui doivent obéir au chef à lui être soumis, tandis que le supérieur d'un monastère ne peut faire travailler, s'il ne travaille lui-même; et il ne persuade pas, s'il ne fait pas lui-même ce qu'il enseigne. Il n'inspire aucune crainte par une parole qui est détruite par sa conduite, et il ne console pas par des actions qui ne sont pas accompagnées de la parole. Il lui faut donc une âme qui voie le jugement de Dieu et les fautes cachées des frères, afin qu'il crie les uns et cache les autres. Telles étaient les qualités principales et maîtresses de notre supérieur, il en était orné en abondance et il était ainsi un intermédiaire entre Dieu et nous: il prenait des ordres près de Dieu pour nous les transmettre. Il était à la fois craint et aimé de chacun, ce qui était tout naturel, car chacun de ces sentiments contribue à enlever l'autre : l'amour supprime la crainte et la crainte obscurcit l'amour. Les deux sentiments se trouvaient unis envers lui : on le craignait parce qu'on l'aimait et on l'aimait parce qu'on le craignait, car il se servait habilement de ces deux sentiments. Il dirigeait les moines qui étaient sous ses ordres

l'Orient, demeurant à Antioche, d'arrêter Sévère et de lui couper la langue. Sévère parvint aussi à s'enfuir. Cf. Land, *Anecd. Syr.*, III, p. 231-235.

(1) Cf. I Rois, XIII, 14.

(2) Lire ‏ܡܢ‎ au lieu de ‏ܡܢ‎.

(3) Cf. II Rois, XX, 1 : *Seba, filius Bochri.* — Le manuscrit porte : Schemou' bar Kamri; ce nom se déduit assez facilement de la leçon ‏ܫܡܥ ܒܪ ܟܡܪܝ‎ de la Peschito. Le grec porte Σαβεαί υἱὸς Βοχορί et se trouve plus éloigné de notre texte que la Peschito.

en humiliant les spirituels sous les traits des prières et les matériels sous les flèches des paroles. Il était pour tous les moines une règle et un miroir, une loi non écrite et un exemple vivant; on recevait ses arrêts comme des révélations de Dieu.

7. SES TRAVAUX ET SES PRODIGES. — Quant à ses labeurs pour la vérité, quel orateur les écrira et quel historien les racontera? Qui pourra relater ses voyages et ses actes — ceux qu'il a faits près de nous ou loin de nos confins, — le nombre de fois qu'il dut fuir pour la véritable religion et pour ses dogmes? Tantôt il se cachait et tantôt il se montrait, plein de pitié pour les persécuteurs ou s'occupant des persécutés. Il fut ainsi l'émule des chefs et des colonnes de la vie monacale : à savoir d'*Élie le Thesbite* et de *Jean le précurseur*. Comme eux il parut devant les rois, supérieur à toute crainte. Il se montra appuyé sur la loi et plein de confiance, quand il tua les docteurs de l'hérésie des deux natures par les glaives de l'esprit (1). Il vivait dans l'attente de l'avenir et dans l'éloignement du présent, c'était là son viatique consolateur.

Plus tard Dieu, qui exalte ceux qui l'honorent, le combla de grâces. Il lui donna d'abord la parole doctorale et l'enrichit ensuite des dons de prescience, de prodiges et de guérisons : en imposant seulement les mains à beaucoup de malades, il les guérissait. Un jour, un pauvre atteint d'une infirmité vint le trouver. Ses membres étaient tordus par l'effet du démon, et il le priait de vouloir bien seulement le toucher; il refusa d'abord parce qu'il n'était pas capable, disait-il, de faire ce qu'on lui demandait, mais l'autre insista avec supplication et dit avoir besoin de cette guérison pour faire le travail de la terre qui lui incombait; il eut pitié du suppliant, toucha son mal et dit : « Que Dieu qui est venu habiter dans l'Eucharistie (2) pour notre salut veuille bien apaiser ton mal et te délivrer de cette plaie du démon ». L'effet suivit la parole et après avoir été affligé du mal de la paralysie, le malade alla annoncer le prodige.

Un homme, qui n'était pas inconnu des habitants d'*Édesse*, nommé *Léontios*, vint le trouver; or sa femme était prête d'enfanter. Quand il l'eut vu et lui eut demandé de longues prières, il craignait de dire par pudeur qu'il avait hâte de retourner chez lui, mais ce grand homme lui dit : « Ne te hâte pas, ô ami, car ta femme, à cette heure, a mis au monde un garçon, et elle l'a appelé *Jean* comme moi ». Quand cet homme fut revenu chez lui et eut appris l'heure de l'enfantement et le nom de l'enfant, il connut que la prophétie avait été accomplie.

8. IL FONDE UN NOUVEAU MONASTÈRE. — Un grand déluge pour les âmes ravageait aussi tout l'Orient et un petit nombre à peine put surnager, s'échapper et se tenir ferme sur le rocher de la foi. Cet habile nautonier céda comme devant un flux diluvien et violent, et nous conduisit à un autre monastère

---

(1) L'auteur se classe encore ici parmi les monophysites, mais a le tort de ne nous donner aucun spécimen de la polémique de J. B. A. et de ne pas nous faire connaître sa conception du mystère de l'Incarnation. Voir plus bas les deux dernières hymnes consacrées à Sévère.

(2) *Littéralement* dans le vin.

qui était situé dans le désert (1). Les eaux potables de cet endroit sont les eaux de pluie ; les eaux courantes ne sont pas potables, parce qu'elles sont salées et bourbeuses. Il s'en fallait de peu que les eaux potables ne manquassent et ne fussent consommées, car elles nous avaient suffi un petit temps, puis avaient cessé complétement. Nous étions ainsi sans ressources et nous ne murmurions cependant pas contre le Dieu consolateur, comme l'avait fait Israël charnel. Il songea à *Morath* (Mara) (2) et aux eaux de *Jéricho* (3) dont les unes furent adoucies par un certain bois, tandis que les autres furent rendues inoffensives par le sel, il songea aussi aux grands exemples des prodiges du Messie et il dit : « Il lui est facile devant le Seigneur et en faveur de mon peuple, qui est beaucoup plus parfait que les *Hébreux*, de faire un prodige dans ce désert ». Sa foi obtint ce miracle, il fit ce prodige pendant qu'il était éloigné (4) : il adressa aux eaux les paroles d'*Élisée* (5), il les écrivit sur un papier, le donna au vieillard son successeur (6) et ordonna de l'enfermer dans un coffre de pierre et de le jeter dans l'eau. Quand on eut fait cela, les eaux furent aussitôt potables. — Un prodige suivit l'autre : comme ce vieillard ne savait pas garder une parole ni conserver un secret, il pria que ce vieillard oubliât ce qui avait eu lieu afin qu'il n'annonçât pas ce prodige avant sa mort.

Il ressemblait en cela à son maître : il demandait de garder le silence sur ce qu'il avait fait (7). Pendant qu'il faisait cela et, comme les plantes, restait toujours attaché au même endroit, il regardait comme perdu un jour qu'il aurait passé en bonne santé, ce qui est plus difficile que de supporter toutes les luttes et suppose vraiment une âme forte. Son corps, affaibli par les fatigues endurées pour la vraie foi et par les voyages, était malade. Une maladie était chassée par une autre et cependant, tout infirme qu'il était, il soutenait ceux qui étaient infirmes. Ainsi il se réjouissait dans la souffrance et philosophait dans la maladie ; il savait qu'il ne portait pas la peine des péchés, mais que celui que la vocation divine agrée et couronne passe par un creuset d'épreuve ; *Job* aussi tomba du trône sur un fumier abject (8), lequel fumier le rapprocha plus de Dieu que tous les trônes ; *Lazare* également fut reçu dans le sein du patriarche (Abraham) (9).

(1) Le monastère de ܩܢ ou ܩܢܐ ou ܩܢܐ (le nid de l'aigle) sur le bord de l'Euphrate, en face d'Europus (Djérabis). Il fonda lui-même ce monastère, car il en est appelé *le premier* supérieur (Brit. Mus., *add*. ms. 17134, cité par Wright dans son Catalogue des mss. syr.). Il fut chassé de Séleucie entre les années 528 et 531. Voir l'*Introduction*.

(2) Cf. Exode, xv, 25. Notre texte porte ܡܪܐ comme la Peschito. Le grec porte Μεῤῥά.

(3) Cf. IV Rois, ii, 19-22.

(4) Il se trouve à Constantinople vers 531. Voir l'*Introduction*.

(5) IV Rois, ii, 21.

(6) Le vieillard Alexandre qui lui succéda, dirigeait sans doute déjà la communauté durant ses voyages.

(7) Cf. Matth., viii, 4 ; xvii, 9.

(8) Cf. Job, ii, 8.

(9) Luc, xvi, 23.

9. Sa mort. — Comme il accomplit sa course et conserva la foi (1), il connut aussi par avance sa dissolution et son départ (du corps) par le moyen d'un autre grand prophète qui lui écrivit une dernière lettre (2). Quand il l'eut reçue et lue, il la plaça sur ses yeux, et dit la bienheureuse parole de *Siméon : Maintenant, Seigneur, délivre ton serviteur en paix, selon la parole* (3). Il vécut encore quinze jours (4) et désigna pour recevoir sa charge de supérieur celui des premiers qu'il reconnut le meilleur, le vieillard vénérable et célèbre *Alexandre*. Quand il lui eut donné les préceptes et les lois d'après lesquels il s'était conduit et avait gouverné ses subordonnés, il lui ordonna de ne rien en supprimer, lui témoignant que quiconque en changerait quelque chose aurait affaire au redoutable jugement de Dieu. Il s'envola vers les demeures célestes (5) d'où il regarde surtout vers nous et où il s'occupe de nous pour nous conserver et nous secourir; il supplie afin de nous voir arriver sans fautes devant le terrible tribunal, et il dira alors avec confiance : « Me voici, ô Dieu, avec les enfants que tu m'as donnés » (6).

10. Note de l'auteur. — Et moi, comme récompense de mon travail, je demande, ô père, un secours qui vainque ma négligence, qui prépare mon départ d'ici-bas et me donne une bonne défense devant le tribunal du Messie auquel gloire dans les siècles. Amen.

Fin de l'histoire du saint et du sage docteur Jean bar Aphtonia, que sa prière nous accompagne. Amen!

APPENDICES.

I. *Hymne sur saint Jean bar Aphtonia dite par Jean Psaltès* (7).

A l'image du prophète *Samuel*, Jean l'illustre chef et le directeur d'élection de notre communauté fut réservé et offert au Dieu de l'univers dès le sein de sa mère. Aussi, durant toute sa vie, il ne trompa jamais le vœu de sa mère: mais, dès sa jeunesse, il aima la conduite pure du monachisme;

(1) Cf. II Timothée, iv, 7.

(2) Il s'agit ici de Sévère qui lui annonça sa mort. Cf. *Vie de Sévère patriarche d'Antioche*; *ROC.*, 1900, p. 300, et p. 96 du tirage à part : « (Sévère) écrivit de sa propre main une longue lettre au saint et vénérable Jean archimandrite appelé bar Aphtonia... Dans cette lettre il prophétisa sa mort et celle de son correspondant ».

(3) Luc, ii, 29.

(4) Cf. *Vie de Sévère*, p. 17.

(5) Le 4 novembre 537, âgé de 54 à 62 ans. Voir l'*Introduction*.

(6) Cf. Jean, xvii, 12.

(7) D'après le ms. de Paris syr. 337, fol. 99ᵛ-100. Ce manuscrit est en très mauvais état, bien des mots sont illisibles. — Il renferme la revision que fit Jacques d'Édesse de la traduction syriaque de l'*Octoëchus* de Sévère (cf. *ROC.*, 1900, p. 296, et p. 92 du tirage à part). D'ailleurs la revision de Jacques d'Édesse porte aussi sur les hymnes de Jean Psaltès et de Jean bar Aphtonia.

il réforma et subjugua sa chair dans les travaux de l'ascétisme et son esprit
dans le zèle et les prières. A l'image de l'illustre Moyse, il réprimandait
par son zèle les ennemis de la vérité, et par ses prières il intercédait auprès
de Dieu en leur faveur. Il parut avec intrépidité devant les empereurs, il
combattit pour la cause de la foi, aussi il se couvrit de gloire et fut orné de
l'illustre couronne des confesseurs. — Que, par ses prières, le Dieu de
l'univers nous accorde d'imiter sa foi et de nous rendre dignes de nom-
breuses miséricordes (1).

II. *Hymnes sur Sévère, patriarche d'Antioche, écrites par Jean bar Aphtonia* (2).

1° La doctrine de *Sévère* est sage et profonde, elle reflète celle de tous les
docteurs orthodoxes et des chefs de l'Église. On y trouve en effet les paroles saintes et inspirées par Dieu de saint *Ignace* le pieux et saint martyr;
la science étendue et exacte de la foi qu'avait *Athanase* l'illustre lutteur et
athlète; le sublime exposé théologique de *Basile* et de *Grégoire*, la doctrine
et la prédication — qui se déversait et se répandait comme une mer — de
Jean (Chrysostome); la connaissance exacte et la maitrise des dogmes
qu'avait *Cyrille;* la pureté de vie et l'excellente conduite d'eux tous. —
Quand nous faisons mémoire (de Sévère), louons Dieu le Messie qui, dans
sa bonté, a montré un tel astre et l'a suscité dans son Église à notre époque. Prions-le et disons : Seigneur, épargne-nous et prends-nous en pitié,
par les prières et les supplications de notre père.

2° Quelle parole aura la puissance de découvrir les perfections et les
belles actions du saint patriarche *Sévère?* Qui pourra raconter comme ils
le méritent les combats qu'il livra pour la vérité? Dès qu'il arriva au siége
sacerdotal et apostolique (d'Antioche), il nourrit les brebis intelligentes du
troupeau du Messie par des paroles saines, c'est-à-dire par une nourriture
céleste. En même temps qu'il combattait par la parole, il mit aussi la main
à l'arc et aux traits, il lutta par l'encre et la plume, il mit à nu, vainquit
et détruisit toutes les hérésies. Quand il se cachait devant ses persécuteurs
en des lieux ignorés, il remplissait tout l'univers des enseignements orthodoxes par ses écrits inspirés de Dieu. Que, par ses prières, Dieu rassemble
tous les membres dispersés de l'Église, qu'il les ramène dans un seul ber-
cail et qu'il nous sauve dans ses miséricordes!

(1) Cette hymne dépend de l'histoire précédente et ne lui ajoute rien.
(2) D'après le même manuscrit, fol. 74, 109 et 118.
Dans le manuscrit de Paris, elles ne sont pas attribuées à J. B. A., mais elles
correspondent sans doute aux cinq hymnes sur Sévère d'Antioche conservées
dans les autres manuscrits de l'Octoëchus et en particulier dans le ms. de Londres *add.* ms. 17134 daté de 675. et dont quatre sont attribuées à J. B. A. et la
cinquième à un poète d'Alexandrie. Nous traduisons ces hymnes parce qu'elles
sont l'œuvre de J. B. A. et surtout pour faire connaltre ce genre de littérature.

3° Quand nous faisons mémoire du prêtre et pasteur véritable, du patriarche *Sévère*, nous fêtons par là même éminemment la mémoire de tous les pieux docteurs de l'Église, car tous parlent abondamment par sa bouche et il ne pensait jamais donner de lui-même aucun de ses enseignements. Aussi quand il anathématisait et rejetait de nombreux écrits il disait : « Ce que je semble avoir dit, c'est la règle de foi d'*Athanase*, de *Basile*, de *Grégoire* et de ceux qui leur ressemblent. L'enseignement du sage *Cyrille*, ses grands travaux et ses homélies furent l'objet de mes études et de mes méditations durant toute ma jeunesse ». — Que, par leurs prières, Dieu le Messie daigne nous admettre tous dans leurs demeures! — Gloire à tes nombreux amis!

4° Le sage *Sévère* (1), puissante colonne de l'Église et véritable docteur de tout l'univers, nous enseigne, après sa mort (2), par ses écrits : Restez tous avec courage dans la foi (nous dit-il), éloignez-vous et détournez votre visage des mauvaises erreurs des Phantasiastes (3), renversez et détruisez le mur épais que *Nestorius* a construit en briques : l'hérésie des deux natures (4). Confessez que vous ne connaissez qu'un Messie, Dieu le Verbe qui s'incarna sans changement, le même qui, par sa volonté, supporta des souffrances dans la chair et qui opéra des prodiges. Proclamez avec les docteurs qu'il n'y a qu'une nature du Verbe incarné et qu'*Emmanuel* n'ignora pas le dernier jour (5), ni rien de ce qui a été. Allons tous à lui et que le maître incompréhensible de l'univers nous épargne et nous prenne en pitié par les prières de notre père.

5° Nous prêchons à tout le troupeau du Messie la foi orthodoxe, celle qui lui a été révélée jadis par les saints apôtres. Nous croyons, comme les saints Pères, que ce fils de l'essence (divine), qui est avec son Père Dieu le Verbe, et fut, dans sa bonté, fils de notre nature par sa sainte mère, n'a qu'une nature incarnée (6). Nous anathématisons aussi le concile impie de

(1) Ms. de Paris 337, fol. 118ᵛ-119ᵛ, on trouve deux hymnes sous le titre ܥܠ ܡܪܝ ܣܐܘܝܪܐ ܩܕܝܫܐ, « sur le saint Mar Sévère », le répons de la première est : « il demeure toujours devant le Seigneur », et celui de la seconde : « écoute, ma fille, vois et approche ton oreille ».

(2) Cette hymne, écrite après la mort de Sévère, pourrait être la cinquième du ms. de Londres, due à un poète d'Alexandrie.

(3) Les partisans de Julien d'Halicarnasse. Voir *ROC.*, 1900. p. 299; p. 95 du tirage à part.

(4) Nestorius plaçait en N.-S. une personne divine et une personne humaine et, d'après notre auteur, élevait comme un mur de séparation entre ces deux personnalités.

(5) Cf. Marc, xiii, 32 : *De die autem illo vel hora nemo scit, neque angeli in cœlo, neque Filius nisi Pater.*

(6) D'après J. B. A., le Messie participe donc à la nature divine et à la nature humaine. Pour les catholiques, ces deux natures sont réunies dans l'unité de la personne; J. B. A. n'emploie jamais le mot *personne* (ܩܢܘܡܐ) mais toujours le

Chalcédoine qui a enseigné deux natures — car nous ne partageons pas les idées d'*Eutychès*, ni du maudit Nestorius — ainsi que le reste des hérétiques, comme les saints apôtres nous l'ont commandé ; et nous te confessons, ô notre Sauveur, toi qui as délivré et racheté les âmes de nous tous.

mot *nature* (ܟܝܢܐ). Pour lui, les deux natures, après l'union, ne font plus qu'une nature incarnée, ܟܝܢܐ ܡܒܣܪܐ ܚܕ. — Voici la notice consacrée à la théorie de Sévère par le monophysite Bar Hebræus : « Hoc tempore innotuit Severus, patriarcha Antiochenus, qui libros multos composuit ad adstruendam scientiam de naturà unâ e duabus naturis divinâ et humanâ, *sine mixtione, confusione aut corruptione,* verum ita ut *eo modo quo fuerunt manerent;* sicut natura hominis duabus naturis animae et corporis constant, et corpus duabus naturis materiae et formae, ita ut nec anima in corpus mutetur, nec materia in formam, vel e contra. » (*Historia Dynastiarum,* Oxford, 1663, p. 93.)